CB138634

O guia definitivo da ressaca

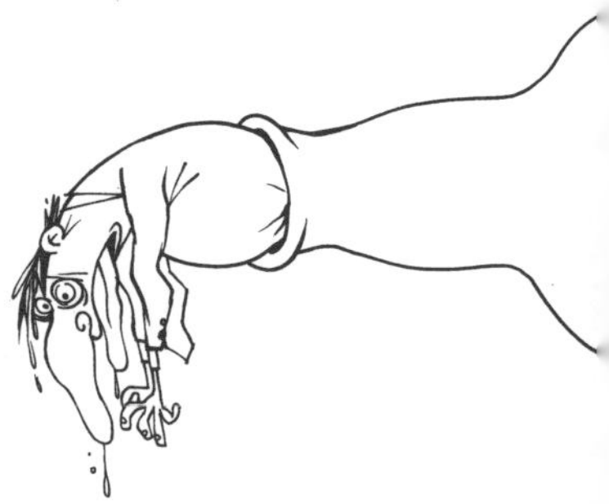

Dados Internacionais de Catalogação na Publicação (CIP)
(Câmara Brasileira do Livro, SP, Brasil)

Drunkard, Richard
O guia definitivo da ressaca / Richard Drunkard. — São Paulo : Editora Senac São Paulo, 2004.

ISBN 85-7359-393-8

1. Álcool – Efeito fisiológico 2. Ressaca – Curas
I. Título.

04-4777 CDD-641.874

Índice para catálogo sistemático:
1. Ressaca : Curas : Alimentos e bebidas 641.874

O guia definitivo da ressaca

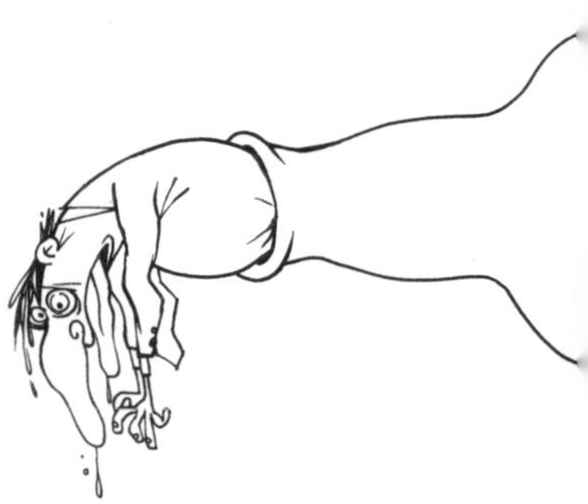

RICHARD DRUNKARD

senac
são paulo
editora

ADMINISTRAÇAO REGIONAL DO SENAC NO ESTADO DE SÃO PAULO

Presidente do Conselho Regional: Abram Szajman
Diretor do Departamento Regional: Luiz Francisco de Assis Salgado
Superintendente de Operações: Darcio Sayad Maia

EDITORA SENAC SÃO PAULO

Conselho Editorial: Luiz Francisco de Assis Salgado
Clairton Martins
Luiz Carlos Dourado
Darcio Sayad Maia
Marcus Vinicius Barili Alves

Editor: Marcus Vinicius Barili Alves (vinicius@sp.senac.br)

Coordenação de Prospecção Editorial: Isabel M. M. Alexandre (ialexand@sp.senac.br)
Coordenação de Produção Editorial: Antonio Roberto Bertelli (abertell@sp.senac.br)
Supervisão de Produção Editorial: Izilda de Oliveira Pereira (ipereira@sp.senac.br)

Preparação de Texto: Beth Griffi
Revisão de Texto: Ivone P. B. Groenitz, Jussara Rodrigues Gomes,
Kimie Imai, Luiza Elena Luchini, Maristela S. da Nóbrega
Elaboração de Textos Institucionais: Luiz Carlos Cardoso
Projeto Gráfico e Editoração Eletrônica: Antonio Carlos De Angelo
Capa e Ilustrações: Gilmar Barbosa (alogilmar@uol.com.br)
Impressão e Acabamento: Cromosete Gráfica e Editora Ltda.

Gerência Comercial: Marcus Vinicius Barili Alves (vinicius@sp.senac.br)
Administração e Vendas: Rubens Gonçalves Folha (rfolha@sp.senac.br)

Todos os direitos desta edição reservados à
Editora Senac São Paulo
Rua Rui Barbosa, 377 – 1º andar – Bela Vista – CEP 01326-010
Caixa Postal 3595 – CEP 01060-970 – São Paulo – SP
Tel. (11) 3284-4322 – Fax (11) 289-9634
E-mail: eds@sp.senac.br
Home page: http://www.editorasenacsp.com.br

© Richard Drunkard, 2003

Sumário

Nota do editor

A ressaca já torturou muitas pessoas brilhantes – escritores, pintores, músicos, filósofos, cientistas, políticos, médicos, gente de todo tipo e de toda profissão.

Esse fato contribui para dar ao livro de Richard Drunkard também um cunho cultural, na medida em que convoca o testemunho de alguns grandes talentos para referir-se à ressaca ou agir em função dela. Mas o que realmente importa neste *O guia definitivo da ressaca* é a maneira de encará-la sem drama, com um sentido de superação muito bem-humorado, voltado para o prazer ainda antes que para o remédio.

Adverte-se no início, e é sempre bom chamar a atenção para isso, que os "conselhos" do autor não dispensam a consulta a especialistas em saúde, sendo também fundamental que ninguém suponha haver aqui mais ciência que humor – embora a ciência que há tenha sempre o sentido do saudável.

Trata-se de mais um livro de receitas do Senac São Paulo que, embora com o tempero do humor, não deixa de ser mais um da área gastronômica.

Prefácio

Durante um bom tempo, fui editor de uma revista voltada para a saúde e a boa forma física, em São Paulo. Na redação, onde proliferavam abstêmios e antitabagistas aos montes, sentia-me um peixe fora da água. Afinal, assumia ali uma posição radical contra o fumo e o álcool nas inúmeras reportagens sobre o assunto, mas na época eu fazia uso dos dois. Ou seja, fumava e bebia.

Felizmente, descobri logo cedo os malefícios do fumo e, um dia, larguei de vez. Já quanto à bebida, fui pouco a pouco me refinando e aprendendo o essencial: a moderação não faz mal a ninguém.

Confesso que, até conseguir esse grau de conhecimento sobre as bebidas alcoólicas, passei momentos desagradáveis após beber um pouco mais, mesmo sabendo dos efeitos corporais posteriores. Mas quem resiste a um final de expediente com riso e cerveja sobre a mesa em algum bar cheio de gente bonita? Logo vai anoitecendo e outras e mais outras bebidas, suaves ou fortes, seguem o mesmo caminho, garganta abaixo. Resultado: no dia seguinte você acorda com aquela lenta e trágica agonia que denominam "ressaca".

Conheço bem os sintomas. A ressaca é uma síndrome, um conjunto de sintomas, que indica que houve uma intoxicação causada pela ingestão excessiva de álcool. O receituário de salvação para o mal é vasto. Qualquer bom bebedor conhece uma receita. Uma delas é beber bastante água antes de se deitar, para evitar a desidratação. Outras aconselham que se beba chá de menta, camomila ou boldo, várias vezes, para acalmar o estômago e o fígado. Algumas, mais difíceis de ser digeridas, dizem que a suposta cura pode ser feita com molho inglês ou vinagre e um ovo cru que se engole inteiro.

Juro que, se tivesse conhecido antes este livro do inglês Richard Drunkard – *O guia definitivo da ressaca* –, teria certamente vivido dias melhores. Isso porque, com humor e muita cultura, ele nos traz um completo roteiro sobre a arte de beber sem culpa e com prazer e, claro, como se preparar para o dia seguinte.

Já no início, define cada tipo de ressaca, desde aquela em que você se levanta com uma pequena dor de cabeça até aquela que leva às profundezas do inferno e baixa o arrependimento de ter bebido ou nascido. Depois, que alívio!, seguem as dicas para curar qualquer espécie de ressaca, incluindo drinques revigorantes que trazem você à tona, ou melhor, ao mundo dos vivos.

O autor é um curioso viajante. Conhece bem o Brasil. No Rio de Janeiro conheceu a nossa famosa cachaça e, claro, a caipirinha. E, pasmem, aprendeu até uma técnica de bebedores brasileiros: tomar um Engov antes e outro depois de grandes porres. Mas de suas viagens trouxe também a sabedoria de bebedores americanos, alemães, holandeses, tailandeses e espanhóis, entre outros, para a cura da ressaca.

O guia tem também um toque cultural, já que a grande maioria dos artistas tem uma grande afinidade com as bebidas, do vinho ao absinto. A poesia, de Vinícius de Morais a Charles Baudelaire, marca presença. Os prosadores, de Ernest Hemingway a Jack London, de Henry Miller a Charles Bukowski, são referências, sobretudo este último já que era reconhecidamente o "santo padroeiro dos bêbados escritores".

A parte final do livro é um verdadeiro roteiro de saúde e bem-estar. Sugere que, depois de uma noite de extravagância, você tenha não só um dia de bom comportamento, mas uma semana. Sim, uma semana inteira. Para isso, inclui um cardápio para cada dia com receitas incrivelmente gostosas, explicadas passo a passo, e com o intuito de devolver a você a energia perdida.

Contam que o escritor norte-americano William Faulkner, Prêmio Nobel de Literatura de 1949, visitou São Paulo no início dos anos 1960. Desceu do avião em Congonhas totalmente calibrado de *bourbon*. Na manhã seguinte, abriu a janela de seu quarto no Hotel Hilton, no centro paulistano. Enquanto pedia uma dose reforçada de bebida para enfrentar o dia, confidenciou a si mesmo:

– Mas, o que faço eu em Chicago?

Tenho certeza de que, se também conhecesse *O guia* de Richard Drunkard, seu companheiro de língua inglesa, William Faulkner, teria aproveitado melhor sua estada em São Paulo. O livro no entanto seria útil até certo ponto, pois mostra tudo, tudo mesmo para encarar os dissabores de uma ressaca, só não revela, porque aí é outra história, como sanar o problema, no dia seguinte, de lapsos da memória.

Roniwalter Jatobá

Jornalista e escritor

Aos inúmeros garçons, filósofos de boteco e
bebedores de plantão, cuja abnegada e altruísta dedicação
à procura da perfeita cura para a ressaca enriqueceu nossa
pesquisa. E também – é claro – ao heroísmo e à bravura
comprovada de meu próprio fígado.

Apresentação

O guia definitivo da ressaca, inicialmente, fala dos quatro tipos de ressaca que existem: a ressaca ácido acetilsalicílico ou ressaca paracetamol; a ressaca de talento ou de inspiração; a ressaca dinamite, ou de pavio longo, ou bomba-relógio; e, finalmente, a ressaca dantesca ou ressaca de impacto. Ao mesmo tempo, indica como superar cada uma delas, ensinando a preparar o boldo e a sopa de alho do dia seguinte.

O livro está pontilhado de casos verdadeiros e se detém nos grandes artistas – principalmente escritores e pintores – que se amparavam na bebida para conseguir inspiração: Hemingway, Rimbaud, Oscar Wilde, Bukowski e muitos outros.

Ele explica as razões pelas quais temos ressaca quando bebemos demais e conta como, em outros países, se previnem as piores tomando sucos, vitaminas, ingerindo alimentos fortes ou, então, utilizando "remédios" da medicina alternativa.

No final, uma viagem para o bem-estar: uma dieta rigorosa e exercícios físicos para obter a limpeza geral do organismo e dar uma folga ao fígado. Foram organizados menus diários, acompanhados das respectivas receitas.

Se você, como eu, gosta de um drinque e, de vez em quando, tende a exagerar, este livro lhe será útil.

Dediquei o estômago – e o fígado – à refinada arte do halterocopismo e, se não usasse um pouco de bom senso para contrabalançar essas extravagâncias boêmias, pelo menos de vez em quando, já teria ido parar no cemitério. Ou em um hospício.

E foi pensando em você, que, agoniado, gemeu muitas vezes depois de se entregar aos prazeres do copo (e acordou querendo morrer, com a cabeça latejando e o estômago revirado), que escrevi este guia.

Moral da história: evite a ressaca, mantenha-se bêbado.

Não se esqueça, porém, de que as idéias contidas neste livro representam apenas sugestões bem-humoradas que não devem ser seguidas sem orientação médica.

RESSACA!
COMO ADIVINHOU?!

Gosto muito de beber

E bebo bem (hoje menos

Do que há dez anos atrás).

Minha bebida é o uísque

Com pouca água e muito gelo.

"Auto-retrato", Vinícius de Morais, 1956.

Do imortal cantor italiano Fred Buscaglione, *Whisky facile* (1958):

[...]

Io sono Fred, dal whisky facile
Son criticabile, ma son fatto così...
Non credete, non sono un debole
m'han fatto abile, e la guerra finì.

Se c'è una cosa che mi fa tanto male
È l'acqua minerale
Miracolosa sarà ma, per piacere,
Io non la posso bere!

[...]

Se c'è una cosa che mi fa tanto male
È l'acqua minerale
Per stare bene, io bevo alla mattina
La nitroglicerina.
Perdonate, se ho il whisky facile

[...]

Uísque fácil

[...]

Eu sou Fred, do uísque fácil
Sou criticável, mas sou assim...
Não acreditem, não sou um fraco
Fizeram-me hábil, e a guerra acabou.

Se há uma coisa que me faz muito mal
É a água mineral
Pode ser milagrosa, mas, por favor,
Não a posso beber!

[...]

Se há uma coisa que me faz muito mal
É a água mineral
Para estar bem, bebo pela manhã
Nitroglicerina.

[...]

Ressaca

Duas definições formais:

- *S.f.* (do castelhano *resaca*). Mal-estar no dia seguinte a uma bebedeira.[1]
- *Brasileirismo figurado.* Indisposição de quem bebeu, depois de passar a bebedeira.[2]

... e outras informais:

- Vários homenzinhos verdes, que me acordam de manhã, dançando rumba no meu estômago!
- Vontade imensa de tomar coca-cola...
- M-u-i-t-o estrago no estômago #@#@!!??@#@!!!!!! AAARRRGGGHHH!
- Um rinoceronte raivoso pisando duro dentro de minha cabeça.

1 Adalberto Prado e Silva (org.), *Novo dicionário brasileiro Melhoramentos ilustrado*, vol. 4 (6ª ed. São Paulo: Melhoramentos, 1970).

2 Aurélio Buarque de Holanda Ferreira, *Novo Aurélio século XXI: o dicionário da língua portuguesa* (3ª ed., Rio de Janeiro: Nova Fronteira, 1999).

- Mal-estar comum no dia seguinte ao grande porre, resultado da intoxicação por excesso de álcool.

E a nossa (note o plural majestático), nascida da experiência de muitas noites de exageros:

> Os sintomas bem desagradáveis – sede, falta de apetite, náusea, vômito, dor de cabeça intensa, sonolência, dor de estômago, fotofobia e sensibilidade ao som – que aparecem depois de alguém ingerir álcool além da conta.

ESSE FOI DEPOIS DE ALGUMAS DOSES DE UÍSQUE VAGABUNDO!

Historinha eletrônica

Nestes tempos de globalização, é preciso saber utilizar os símbolos – também globais – usados nos textos de correio eletrônico, para compreender os *e-mails* que você recebe. Aprenda os que se relacionam ao assunto:

:-7	Sorriso perverso	%-\	Ressaca
:-(*)	Vomitar	l-)	Adormecer
:-t	Aflição	%-(	Confuso
:-*	Amargo	:O	Gritar
:-)'	Babar-se	^^v^^	Morcego grande
:-)	Feliz	#-)	Farra
:-o	Oh, não!		

Dizem os internautas que os símbolos facilitam a transmissão da mensagem, que poderia chegar assim:

"Caro Richard,

Eu estava :-) da vida quando John passou lá em casa e me convidou para tomar umas e outras. Caímos na #-). Acabei |-) tarde, depois de alguns tonéis de álcool. Hoje, acordei :-)', com vontade de :-(*), com um gosto :-* na boca e um ^^v^^ :O na minha cabeça. :-o Não me dê esse :-7. Estou %-(, e só você pode me tirar desta :-t. Você sabe de alguma cura para a %-\?

Andy"

"Tradução" da mensagem:

Caro Richard,

Eu estava *feliz* da vida quando John passou lá em casa e me convidou para tomar umas e outras. Caímos na *farra*. Acabei *adormecendo* tarde, depois de alguns tonéis de álcool. Hoje, acordei *babando*, com vontade de *vomitar*, com gosto *amargo* na boca e um *morcego grande gritando* na minha cabeça. *Oh, não!* Não me dê esse *sorriso perverso*. Estou *confuso* e só você pode me tirar desta *aflição*. Você sabe de alguma cura para a *ressaca*?

Andy

Uma noite, em um *pub* de uma aldeia do interior inglês, um homem foi aos tropeções até o outro único cliente do local e perguntou se podia pagar-lhe uma bebida.

– Com certeza – respondeu o segundo.

O primeiro, então, perguntou:

– De onde você é?

– Sou irlandês – respondeu o segundo.

– Que coincidência! Eu também sou irlandês. Vamos brindar à Irlanda! Garçom, mais dois!

– Claro! – respondeu o segundo.

Curioso, o primeiro perguntou:

– E de que parte da Irlanda você é?

– Sou de Dublin – replicou o outro.

– Não acredito! Eu também sou de Dublin! – E continuou: Vamos fazer um brinde a Dublin!

– Claro! – respondeu o segundo.

E o primeiro homem, de novo curioso:

– Que escola você freqüentou?

– St. Mary's – respondeu o segundo homem. – Graduei-me em 1962.

– Inacreditável! – exclamou o primeiro homem. – Eu também fui do St. Mary's e também me graduei em 1962!

A essa altura, um dos clientes habituais entrou no *pub* e sentou-se.

– O que há de novo? – perguntou ao *barman*.

– Nada importante – respondeu o homem. – Os gêmeos O'Malley estão bêbados de novo!

A ressaca dissecada

Beverly Hills Iced Tea sugere duas coisas: Hollywood, a meca do cinema – lugar em que foi inventado o drinque –, e chá gelado. Nada disso! Como quase sempre acontece, as aparências enganam. Esse é dos coquetéis mais cotados no badaladíssimo TGI Friday's, de Londres – leva vodca, gim, rum, *triple sec* e é completado com champanha. Alguns Beverly Hills depois, os joelhos se recusam a funcionar como de hábito: começam a dobrar à toa, e você descobre o que Galileu quis dizer quando afirmou que o mundo girava (embora ele só tenha confirmado o que os bêbados já sabiam).

Como ninguém é perfeito, achei que a melhor maneira de escrever sobre ressaca era arranjar uma. Devo, entretanto, admitir que não foi uma idéia brilhante. Pior ainda. Foi um erro grosseiro, como repeti a mim mesmo naquela manhã, pela enésima vez.

O negócio é que, alguns Beverly Hills depois, começa a rolar um papo agradável, você se diverte à larga, não tem mais vontade de registrar impressões nem de tomar notas. Não deu outra. Agora estou sentado em minha poltrona preferida, olhos fechados para evitar a agressão da luz. Tomo alguns Alka-Seltzers, enquanto filosofo sobre o lado *trash* da vida. Não tenho forças nem para ligar o som e ouvir meu Mozart predileto. Até porque, se um alfinete cair no chão, o som ecoará, forte, dentro de minha cabeça. Minha ressaca é dantesca. A pior, entre as quatro que conheço.

RESSACA ÁCIDO ACETILSALICÍLICO OU RESSACA PARACETAMOL

Essa é a mais fraquinha e – graças aos céus! – a mais freqüente. É aquela ressaca em que você se levanta com uma dorzinha de cabeça e uma certa indisposição generalizada, sem saber direito o que está acontecendo, onde é que dói. Não consegue detectar o que está errado. Corre para o banheiro, pega um comprimido, vai para a cozinha e o engole depressa com um copo de água (arghhh!). Assim que o comprimido fizer efeito, você voltará à tona e conseguirá levar a vidinha de sempre. Não uma vida cheia de energia, de feitos heróicos, de realizações fantásticas, nada extraordinário. Dá, porém, para se encaixar com uma certa decência no ramerrão diário, para disfarçar razoavelmente bem na frente do chefe no escritório e passar o dia mais ou menos quieto, sem chamar muito a atenção.

AVISO

O consumo de álcool pode fazer você pensar que está cochichando, quando não está.

RESSACA DE TALENTO OU DE INSPIRAÇÃO

Estou seguro de que a produção criativa mundial seria muito menor – teríamos menos livros, poemas, músicas, quadros – se não existisse a ressaca de talento. É aquela em que você olha para o papel em branco, ou para o pentagrama, ou para a tela, e... nada acontece. Você ganha, então, a mais absoluta certeza de que sua inspiração se esgotou. Sai no maior baixo astral, vai para um *pub* bem longe, onde ninguém o conhece. Pede o primeiro drinque, nada acontece. O segundo, nada acontece. O terceiro, o quarto e o quinto. Só que a inspiração não vem. Você sabe, então, que está profissionalmente acabado. Seus sonhos, sua carreira, *kaput*! "Garçom, mais um para me consolar!"

Na manhã seguinte, você se levanta ainda desmoralizado. Não se lembra como voltou para casa, mas não importa. Vai para a cozinha e enche um copo de vinho branco alemão. Fraquinho. Perfumado. Na verdade, muito ruim, embora você saiba perfeitamente bem que seu paladar já era. Perambula até o escritório, e as palavras começam a chegar ao cérebro, uma atrás da outra. Se você fosse Hemingway, escreveria em pé mesmo, mas não é. Então se senta e, se for datilógrafo rápido, pode até dar conta do recado, escrever tudo o que vai surgindo, quase no mesmo ritmo das idéias. Ou, então, empunha o pincel e começa a fazer traços, na tela, com aquela mistura de cores incrível que havia procurado obter por tanto tempo. Ou, então, pega o lápis e coloca marquinhas no papel pautado, ouvindo os sons que saem do papel na própria mente. Conta-se que Bocage, um dos mais famosos poetas portugueses, furioso com Macedo, padre e também poeta, foi ao Café Nicola e disse a um amigo que ali o esperava: "Aí tens lápis.

Arranja papel e escreve para aí, antes que me rebentem os miolos". E, copo sobre copo, cigarro após cigarro, aos borbotões, jorrou a *Pena de talião, satyra a José Agostinho de Macedo* (1838): "Cultivo afectos à tua alma estranhos, / Dando à virtude quanto dás ao vício [...]".

Voltando ao grande Hemingway: ele gostava de tomar uns drinques antes de ir dormir e costumava estar em grande forma criativa na manhã seguinte. De que outro exemplo você precisa? Aliás, foi para curar as ressacas dele que Andy MacElhone, dono do legendário Harry's Bar, de Paris, inventou o *bloody mary*, com suco de tomate e vodca. Conta-se, aliás, que, ao conversar com um repórter durante uma entrevista, foi alertado para o fato de que a bebida levava à morte lenta. A resposta imediata de Hemingway foi: "E quem tem pressa?".

Assim como ele, outros grandes escritores eram alcoólatras: Edgar Allan Poe, Faulkner, Sinclair Lewis, John Steinbeck. E também O'Neill, Scott Fitzgerald, Tennessee Williams, Truman Capote – que escrevia na cama, provavelmente para não ter de passar pelo vexame de mostrar que não conseguia ficar em pé –, Bukowski. Alguns eram donos de tamanha inspiração, que foram galardoados com o Prêmio Nobel de Literatura.

Gente de renome no mundo das letras, como Ezra Pound, Saul Bellow, T. S. Elliot e outros, não chegavam a ser alcoólatras, mas bem que eram chegadinhos a um copo. E não pense que "agüentar bem o álcool" tem alguma coisa que ver com ser um alcoólatra brilhante, um frágil beberrão consumado ou qualquer que seja o qualificativo que você queira usar. A Edgar Allan Poe, por exemplo, bastava tomar um copo de rum (de um só gole, era o que fazia) para se tornar brilhante, lúcido, conversador. O segundo o afundava em um pileque de pelo menos umas doze horas. Isso tudo quando ele tinha 17 anos. Anos mais tarde, aos 30, o efeito desse mesmo segundo copo durava de três a quatro dias. Aí circulava pelas ruas de onde quer que estivesse. Como se vê, era fraco para o álcool e não teve muita sorte, pois passou fome e miséria, mas tinha força de vontade admirável e a concentrava na tarefa literária.

Pushkin, como Poe, começou a beber muito jovem, por causa de um desgosto amoroso. A Pushkin, entretanto, o álcool não fazia mal. No mesmo barco está Jean-Paul Sartre, que, ao longo do dia, bebia cerca de um litro de álcool (vodca, uísque, cerveja ou vinho), sem contar o litro de vinho que ingeria durante o almoço.

Há puritanos que sustentam que o álcool leva à decadência literária. Scott Fitzgerald, por exemplo, gostava de beber, mas não "agüentava" a bebida e, após dois copos, tinha de deitar-se. O vigor e a intensidade de *O grande Gatsby*, no entanto, se devem, provavelmente, aos tais copos que ele não agüentava, e há conservadores moralistas que afirmam que, aos 41 anos, depois de escrever *Por quem os sinos dobram*, Hemingway era um escritor acabado. Doze anos depois, entretanto, ele escreveu *O velho e o mar*, um clássico da literatura universal.

Jack London também era chegado a um copinho, e para ele era difícil suportar o sucesso. Pior ainda: sempre desejara sair da pobreza e da vida dura que lhe marcaram a juventude, mas, quando seus romances de aventura alcançaram tremendo sucesso, tratou de dedicar-se a esbanjar o dinheiro, as energias e sua própria vida, que terminou em suicídio aos 40 anos.

Em uma taverna, porém assassinado, morreu em 1593 o poeta e dramaturgo inglês Marlowe, que também foi espião de Elizabeth I. A história não registrou se a vítima já havia bebido tudo o que podia ou não.

Tiranizado pelo álcool e pelo ópio, Charles Baudelaire usou-os, não obstante, como incentivo para escrever. Por passar constantemente por tavernas e bordéis, acabou por contrair sífilis; como a enfermidade lhe causava dores, ele se embriagava ou recorria ao ópio. Porque não queria sujeitar-se aos vaivéns e aos horários das pessoas comuns, escreveu "Enivrez-vous" (1869).

Enivrez-vous

Charles Baudelaire

Il faut être toujours ivre. Tout est là: c'est l'unique question. Pour ne pas sentir l'horrible fardeau du Temps qui brise vos épaules et vous penche vers la terre, il faut vous enivrer sans trêve.

Mais de quoi? De vin, de poésie, ou de vertu, à votre guise. Mais enivrez-vous.

Et si quelquefois, sur les marches d'un palais, sur l'herbe verte d'un fossé, dans la solitude morne de votre chambre, vous vous réveillez, l'ivresse déjà diminuée ou disparue, demandez au vent, à la vague, à l'étoile, à l'oiseau, à l'horloge, à tout ce qui fuit, à tout ce qui gémit, à tout ce qui roule, à tout ce qui chante, à tout ce qui parle, demandez quelle heure il est; et le vent, la vague, l'étoile, l'oiseau, l'horloge, vous répondront: "Il est l'heure de s'enivrer! Pour n'être pas les esclaves martyrisés du Temps, enivrez-vous; enivrez-vous sans cesse! De vin, de poésie ou de vertu, à votre guise".

Embriaga-te

Charles Baudelaire

É preciso estar sempre bêbado. Isto é tudo: é a única questão. Para não sentir o horrível fardo do Tempo que parte teus ombros e te dobra para a terra, é preciso que te embriagues sem trégua.

Mas de quê? De vinho, de poesia, ou de virtude, do que te aprouver. Mas embriaga-te.

E se alguma vez acordares nos pórticos de um palácio, sobre a relva verde de uma vala, na solidão sombria de teu quarto, a embriaguez já diminuindo ou desaparecendo, pergunta ao vento, à vaga, à estrela, ao pássaro, ao relógio, a tudo o que foge, a tudo o que geme, a tudo o que gira, a tudo o que canta, a tudo o que fala, pergunta que horas são; e o vento, a vaga, a estrela, o pássaro, o relógio, te responderão: "É hora de embriagar-se! Para não ser o escravo martirizado do Tempo, embriaga-te; e permanece embriagado! De vinho, de poesia ou de virtude, do que te aprouver".

Henry Miller também bebeu sem moderação alguma: suas obras eram cheias de sexo, prostitutas e álcool, que relatam sua vida boêmia. Seu primeiro livro publicado, *Trópico de Câncer*, não impressionou a crítica e foi um fiasco de vendas. Diante disso, Miller, durante um enorme pileque, pegou uma lista telefônica e enviou os exemplares pelo correio inteiramente ao acaso.

Ah, a ressaca de talento é responsável por muita criação, sim.

AVISO

O consumo do álcool pode levá-lo a pensar que é invisível.

Absinto – O amargo sabor da viagem

Um dos grandes defensores do absinto, Paul Verlaine, dizia a seus amigos, em meados do século XIX, que só tomava absinto com açúcar: sem algum tipo de adoçante, o delicado líquido verde-claro seria amargo demais, impossível de beber. Com o açúcar diluído, entretanto, tornava-se a bebida dos burgueses, intelectuais e também da classe trabalhadora. De fato, dominou a França por décadas, até ser banida, em 1915.

Hoje, embora seja ilegal em quase toda parte, ainda é produzido legalmente em alguns países: voltou à moda em Londres e em algumas outras cidades importantes. Assim, depois de quase um século de obscuridade, a Fada Verde – que visita os pensamentos dos apreciadores da bebida – retorna.

A *Bíblia* cita muitas vezes a losna (*Artemisia absinthium*), ingrediente primário do absinto, e essa planta crescia no caminho por que a serpente enveredou para sair do Jardim do Éden. Na Grécia antiga, as folhas da losna eram mergulhadas no vinho para lhe conferir sabor. Pitágoras e Hipócrates acreditavam que tinha propriedades curativas para tratar dores de parto, icterícia e anemia. Tanto é que o exército francês oferecia absinto a suas tropas como antídoto para a febre, durante a guerra da Argélia, em 1840.

A bebida surgiu quando o médico suíço Pierre Ordinarie, misturando diversas ervas, criou um elixir de alto teor alcoólico para ajudar a curar doenças e trazer bem-estar a seus doentes. Logo o absinto se tornou a bebida nacional francesa: os trabalhadores o descobriram e sentiram nele um mistério intangível, cheio de segredos, que apela aos espíritos, inclina ao romantismo. Os intelectuais, mais suscetíveis, escolheram o absinto como bebida predileta, escapando, assim, de uma triste realidade para um plano em que a mente, liberta, podia perambular à vontade.

Muitos afirmavam que o absinto lhes permitia atingir um estado de consciência superior. Oscar Wilde, por exemplo, acreditava que o absinto era responsável pelas "visões" que tinha, embora elas só aparecessem depois de uma dúzia de copos – um bebedor de absinto respeitável nunca be-

beria menos que dez e, algumas vezes, até vinte copos, antes de voltar para casa aos tropeções, em pleno estado de atordoamento alucinógeno. Não ficavam simplesmente bêbados: com o absinto, atingiam alturas a que, com o álcool, jamais chegariam.

Dependeram do absinto: Manet, Baudelaire, Degas, Van Gogh, Toulouse-Lautrec, Verlaine. Este último freqüentemente se tornava violento, ameaçou mulher e filho, agrediu o amigo Rimbaud e, por isso, passou algum tempo na prisão. Não obstante, quando se viu livre das grades, retornou ao absinto, que o perseguiu até seus últimos dias.

Verlaine encontrara Oscar Wilde, que também gostava muito da Fada Verde. Os últimos dias de Wilde também foram marcados pela sífilis, que o matou, e uma insaciável sede de absinto, que acelerou o fim inevitável.

Ninguém, contudo, demonstra as ciladas do consumo de absinto melhor que Vincent Van Gogh, que, em Paris, se uniu a Pissarro, Monet e Gauguin e logo começou a freqüentar os cafés de Montmartre. Sabia da rápida deterioração que o absinto pode causar, mas sempre voltava à Fada Verde, porque lhe oferecia alívio temporário, embora o condenasse a uma vida psicótica. Mais tarde, em Arles, passava o tempo pintando, andando com prostitutas e, certamente, bebendo absinto. Daí por diante, passou anos entrando e saindo de instituições mentais, decaiu sempre; nunca suas alucinações e depressões melhoraram, mas foi aí que produziu algumas de suas melhores obras. No final da vida, bebia absinto com freqüência alarmante.

Pablo Picasso também foi consumidor regular de absinto; algumas de suas obras mais importantes são estudos sobre o absinto, como *Mulher bebendo absinto* (1911) e *Copo de absinto* (1911). Conseguiu, entretanto, evitar tornar-se dependente da bebida a ponto de arruinar-se.

O consumidor de absinto mais notável foi Ernest Hemingway. Embora a bebida tivesse sido proibida em 1915, em 1920 ele foi à Espanha (onde o absinto ainda é legal) como repórter e experimentou absinto pela primeira vez. Foi amor à primeira vista com a bebida, que aparece até mesmo em um diálogo da obra *O sol também se levanta* (1927). Depois de voltar para casa, na Flórida, conseguiu continuar a arranjar absinto. Seus personagens, porém, só conseguem encontrar na Fada Verde uma ilusão temporária.

RESSACA DINAMITE, OU DE PAVIO LONGO, OU BOMBA-RELÓGIO

Essa ressaca é enganosa. Você sai, bebe quanto acha que deve – e sempre exagera, claro –, diz a si mesmo que agüenta, volta e vai para a cama. Na manhã seguinte se levanta e, enquanto escova os dentes, estranha não sentir nada estranho. Pensa que, apesar da vida sedentária que leva, deve estar em melhor forma do que muita gente por aí. Sente-se extremamente bem e vai ao escritório trabalhar, como faz todos os dias.

Cerca de duas horas depois, no meio de uma reunião, aqueles homenzinhos verdes começam a subir pelas paredes de seu estômago. Trepam esôfago acima e dançam, no mínimo, uma rumba. Ou seria um chachachá? É que o pavio da dinamite – que, por azar, não dura mais que poucas horas – terminou. Você pede licença, levanta-se e vai ao banheiro. No caminho, encontra um colega e pede-lhe uma carona até o médico; você está certo de estar sendo atacado por algum vírus desconhecido. Minutos depois, já no carro, volta a sentir-se bem, não precisa mais de médico. Diz ao amigo que é melhor voltar. Só que, ao entrar no escritório, os homenzinhos verdes resolvem atacar novamente, com entusiasmo crescente, com vigor renovado. E você, aos poucos, vai ficando verde como eles. Nessa situação, é melhor voltar para casa e deitar-se. Agora tanto faz, a reunião já acabou mesmo, e você perdeu uma ótima oportunidade de brilhar diante da diretoria. Só o tempo é que vai resolver seu problema. Enquanto ele não passa, você fica de molho.

AVISO

O consumo do álcool pode levar você a pensar que as pessoas estão rindo *com* você.

RESSACA DANTESCA OU RESSACA DE IMPACTO

Eu sei, experiência própria: essa é, sem dúvida, a pior das ressacas. Leva você às profundezas do inferno, ao poço do mais fundo desespero. Sua cabeça lateja forte – seria uma britadeira? –, estrondeia com os ecos de sons, longínquos ou próximos; você nem pensa em abrir os olhos, porque a luz machuca, certamente está lhe perfurando o cérebro. Você retira o telefone do gancho, desliga a campainha da porta, senta-se, imóvel, numa cadeira confortável e, à falta de uma bolsa de gelo, retira do congelador um pacote de ervilhas para pôr na cabeça. É como se você tivesse acabado de sair de uma câmara de tortura; está completamente estragado. O estômago, enjoado, dói, revira-se, revolta-se, e você considera, mas acaba rejeitando, a idéia de pôr o dedo na garganta, com medo de que estômago e fígado venham junto. Tem sede, mas receia chegar perto de um copo: ele poderia atacá-lo.

AVISO

O consumo de álcool pode levá-lo a dijer coijas axim.

Vinho

Cuidado com os vinhos provenientes de países em que leves mudanças climáticas causam grandes diferenças na qualidade da bebida – como, por exemplo, a França, a Alemanha e a Nova Zelândia. Em anos de má colheita, o vinho contém muito mais substâncias que causam ressaca.

Quase todos os tintos e *chardonnays* são amadurecidos em tonéis de carvalho. Se forem bebidos antes de três anos, haverá maior quantidade de substâncias que, mais tarde, causarão mal-estar. Se o vinho amadurecer completamente, essas substâncias serão neutralizadas.

De modo geral, é aceitável consumir, durante o primeiro ano, vinho conservado em tonéis de carvalho por seis meses. Se, entretanto, ficar ali por doze meses ou mais, deverá ser deixado intocado para envelhecer por, pelo menos, quatro anos.

É comum os *connaisseurs* afirmarem que a pior ressaca é a de vinho tinto. Imagine, então, se for de má qualidade!

Por que temos ressaca?

Desde que o homem descobriu como se fermentavam e destilavam bebidas, começou a beber. E, é claro, a ter ressaca. A verdade é que o álcool, em quantidade moderada, relaxa; em alguns casos, pode ser até benéfico para a saúde.

Mamãe Natureza construiu nosso corpo com perfeito equilíbrio. Quando, por qualquer motivo, falta um dos elementos químicos que fazem parte do conjunto, o mínimo que acontece é nos sentirmos mal ou ficarmos doentes.

Vamos dizer que você tenha ingerido duas doses de uísque. Em um primeiro momento, sente-se estimulado e perde algumas de suas inibições. É o que se chama "ficar alegrinho". Isso porque, com a bebida, aumenta a quantidade de uma substância chamada dopamina. Dopamina a menos causa doenças muito graves. Em excesso, porém, deprime a transmissão de impulsos pelo sistema nervoso e prejudica a concentração e fixação da memória recente. Ou seja, você tem problemas para se lembrar de coisas que já estavam memorizadas. Para sorte nossa, esse sintoma não é permanente, desaparece depois da bebedeira.

A bebida dilata os vasos sanguíneos periféricos do corpo – é por isso que o bêbado fica avermelhado – e é forte estimulante das secreções gástricas, o que acaba causando enjôo no dia seguinte. E o excesso de secreções pode lesar a parede do estômago.

Quando alguém bebe constantemente, aumenta a probabilidade de vir a ter problemas cardíacos, porque o álcool aumenta a concentração de lipoproteínas de alta densidade (as gorduras pesadas), principais responsáveis por problemas nas coronárias.

Aquela horrorosa sensação de cansaço, no dia seguinte, é causada pelo fato de quantidades pequenas de álcool aumentarem o trabalho muscular. Doses grandes diminuem o trabalho muscular e, grandes demais, podem levar à interrupção total do trabalho da musculatura do esôfago, do estômago e do intestino, causando espasmos e vômito.

E a sede que a ressaca causa, então? É que a glândula hipófise libera um hormônio, o ADH, responsável pela concentração da urina. Um bebedor contumaz sabe que se urina muito mais enquanto se bebe. O álcool inibe esse hormônio, e a urina fica bem mais diluída, fazendo com que o organismo sofra grande perda de líquido. Essa sede toda é a maneira que o corpo tem de lutar contra a desidratação.

Tem mais: beber inibe a produção de glicose no fígado, fazendo com que diminua a quantidade de açúcares na circulação, fenômeno que os especialistas chamam de "hipoglicemia". Como a glicose no sangue deve ser mantida constante e a hipoglicemia no cérebro – altamente tóxica – causa irritação nas meninges (membranas que envolvem nossa massa cinzenta), uma injeção de glicose na veia aumenta o açúcar sanguíneo e, por conseqüência, reduz a pressão intracraniana.

Existe, é verdade, uma barreira celular no cérebro que o protege de substâncias indesejáveis, mas não é muito eficiente com o álcool, que, em excesso, acaba causando intoxicação cerebral. Essa a razão daquelas dores de cabeça maiúsculas, típicas da ressaca.

Chega isso? Não. Com a bebida aumenta a concentração do neurotransmissor catecolamina, que causa dilatação na pupila e aumento da pressão arterial. Ocorre uma deficiência na migração das células defensoras do organismo, os leucócitos, aquelas celulazinhas que nos defendem de infecções. Diminui a quantidade de um dos componentes das hemácias do sangue, que realizam o transporte do oxigênio para as células e trazem o gás carbônico para o pulmão. Essa a razão da leve anemia do dia seguinte à bebedeira.

Em altas concentrações, o álcool deixa maior quantidade de acetaldeído – degradado por uma enzima do fígado – na circulação. Aquele supermal-estar do dia seguinte é causado por acetaldeído demais no sangue. Os japoneses e os chineses sofrem uma deficiência natural dessa enzima hepática, e beber faz com que eles, muito antes do que nós, ocidentais, fiquem com a cara avermelhada e sintam desconforto geral. Por isso, há menor probabilidade de casos de alcoolismo naquelas paragens asiáticas.

Bebida em excesso causa deficiência de tiamina (vitamina B), usada por nosso corpo para produzir dois neurotransmissores. Daí uma fraqueza muscular, principalmente nos braços e nas pernas, sensação de dor e sensibilidade à temperatura, letargia e redução do tônus gástrico (ai, que enjôo horrível!). Como o álcool, no entanto, também funciona como anestésico, tudo isso só vai ser sentido no dia seguinte.

Como é no intestino delgado que grande parte do álcool é absorvida, quem faz uma refeição antes de beber, ou ingere alguma coisa gordurosa, bloqueia a passagem do álcool com os alimentos e leva muito mais tempo para ficar bêbado.

Nada disso, entretanto, pode ser observado diretamente; tudo acontece dentro do corpo. O que vemos – mas o que é real quando se está com um copo na mão? – são, depois dos primeiros copos, ligeiras mudanças de humor. E pode-se chegar à perda completa da coordenação motora, da visão, do equilíbrio e da fala. Qualquer desses sintomas é sinal de que o álcool causou envenenamento temporário no organismo. Em geral, desaparecem em algumas horas, depois que você pára de beber.

Se você, porém, tiver de dirigir depois, deverá esperar uma hora para cada um dos drinques que tomou. A metabolização normal média do álcool é de 30 ml a cada três horas.

AVISO

O consumo de álcool pode levá-lo a contar a mesma chatíssima história muitas e muitas vezes, até que seus amigos tenham vontade de arrebentar sua cabeça.

Amor *à la* dopamina? Divergências...

Há pesquisas que associam a dopamina – substância química que leva sinais de uma para outra célula nervosa – à excitação, ao prazer e ao aturdimento, "sintomas" quase sempre relacionados com amor e paixão. Acreditando que ela é um dos neurotransmissores fundamentais envolvidos na atração animal, uma pesquisadora de Nova Jersey, nos Estados Unidos, está colocando pessoas apaixonadas em máquinas de ressonância magnética, para verificar como ocorre o processo.

Outros pesquisadores não estão tão certos disso. Um professor de farmacologia da Califórnia pensa que a excitação da "caçada" é que faz o rapaz (ou a garota) ficar vibrando antes do próximo encontro. Diz ele que a maioria dos dados disponíveis sugere que, depois que se conquistou o par, entram em cena outros neurotransmissores.

Enquanto não se chega a uma solução cientificamente comprovada, como querem os ortodoxos, prefiro arranjar minha dopamina no álcool.

Artie chega em casa de madrugada com a camisa para fora das calças e cheirando a bebida a metros de distância. A mulher acha que ele a traiu e cobra:

– Onde você esteve a noite inteira?

– Naquele estabelecimento novo – diz ele. – O Salão Dourado. Tudo lá é dourado.

– Mentira! Não existe um lugar assim! – retruca a mulher.

– Claro que existe! As portas são enormes, douradas. O chão é dourado. Imagine, até o urinol é dourado!

A mulher não acredita na história e, no dia seguinte, procura na lista telefônica e encontra um lugar chamado Salão Dourado, do outro lado da cidade. Ela telefona para verificar a história do marido.

– É do Salão Dourado? – ela pergunta quando o *barman* atende.

– É, sim – responde ele.

– Tem aí umas portas enormes, douradas?

– Tem, sim, são as portas da entrada.

– E o chão, também é dourado?

– É, sim, senhora.

– E urinóis dourados, vocês têm?

Faz-se um longo silêncio, e aí a mulher ouve o *barman* gritar:

– Ei, Duke, acho que tenho uma pista do cara que urinou em seu saxofone!

Previna-se: saiba mais sobre a alcoolciência

Um estudo feito pela Escola de Medicina da Universidade de Indianápolis sugere que o consumo moderado de álcool pode melhorar a habilidade intelectual. A pesquisa considerou que beber moderadamente equivale a consumir quatro drinques por semana. Descobriram que aqueles que bebiam entre quatro e dez drinques por semana tinham resultado ligeiramente inferior, assim como aqueles que, por motivos que só os deuses conhecem, nunca tocavam em bebidas alcoólicas. Isso nos leva a pensar que, melhor mesmo, é beber com moderação. Entre dizer e fazer, contudo... há uma distância e-nor-me!

Embora não exista aquela fórmula mágica com que todos sonhamos, para prevenir a dor de cabeça e o mal-estar que se seguem a uma noitada de exageros, algumas coisas podem evitar que o dia seguinte seja um desastre total. Antes e durante:

- Coma alimentos gordurosos ricos em proteínas – queijo ou carne, por exemplo – antes do primeiro drinque. Isso forra seu estômago e faz com que o organismo absorva o álcool mais devagar, evitando as náuseas.

- Enquanto bebe, coma alimentos ricos em amido, como arroz, trigo ou batatas, para "enxugar" o álcool.
- Prefira beber vodca, gim e vinho branco. Uísque, conhaque, vinho tinto, rum escuro e *cherry* contêm substâncias para dar sabor à bebida e, quando se degradam, provocam as piores ressacas. A cerveja fica em alguma parte, entre o primeiro e o segundo grupo.
- Nunca tome aspirina antes de beber. Combinada ao álcool, deixa você ainda mais embriagado.

E mais:

- Não durma quando estiver extremamente bêbado.
- Não se desidrate. Beba piscinas inteiras de água, se necessário for.
- Tome vitamina B.

As técnicas são puro bom senso. O difícil é lembrar-se do que se deve fazer na hora H. Bom mesmo é criar o hábito e praticar bastante.

A cena é comum. Você volta para casa às 4 horas da manhã, depois de ter passado por, pelo menos, duas reuniões de amigos. Tomou mais do que alguns copos. Encontra Shamrock, o cachorro que dorme ao pé da lareira, quase apagada. Liga o som bem alto, acorda o bichinho e dança com ele pela sala inteira. Subitamente, as luzes se apagam, você mal consegue chegar ao sofá e apaga também. Grande erro esse. Quando você dorme, o metabolismo se desacelera; por isso, seu organismo vai levar mais tempo para processar e livrar-se de todas aquelas toxinas. É assim que a ressaca acontece.

Trate de alterar o cenário: fique acordado por pelo menos uma hora. Fale com um amigo – ou com o próprio Shamrock –, prepare uma xícara de chá (esqueça o café, desidrata você mais ainda), faça qualquer coisa para manter-se acordado. Como não há lei que proíba beber e surfar, vá para a internet, acompanhado de um enorme copo de água. Beba *muita* água, nunca é demais repetir. Portanto, depois do primeiro copo, vá à cozinha, nem que seja engatinhando, e pegue outro. Não se esqueça de tomar, com ele, um comprimido de vitamina B.

Fique acordado, bebendo sempre e apenas água, até que esteja apenas meio inebriado, se não completamente sóbrio. Aí, pode ir para a cama. Quando acordar, não vai sentir-se estragado, como aconteceria se não tivesse ficado desperto e tomado aquela água toda. Pode ser que nem tenha ressaca. Agora, o que você vai precisar é de muita proteína no café da manhã; experimente queijo grelhado na torrada, com café. Ah, e não se esqueça de tomar mais água. Pode sair agora, pronto para encarar o mundo!

E COMO SAIR DESSA?

Há uma infinidade de remédios para ressaca, por toda parte. É só perguntar, e sempre haverá alguém de boa vontade para lhe ensinar algum. O problema é que nem todos funcionam para todo mundo; portanto, você pode precisar fazer algumas experiências até encontrar aquele que seja melhor para você. Acabará aprendendo por tentativa e erro.

A obviedade é beber água aos litros, para reidratar-se. Comer muitas frutas e vegetais, ou qualquer coisa que seu estômago aceite. O alimento vai ajudar a repor os sais minerais e os nutrientes perdidos pelo excesso de urina. Há quem recomende exercícios físicos – ginástica, uma corrida no parque ou em volta do quarteirão, umas braçadas na piscina (cuidado para não se afogar) –, garantindo que o exercício faz você suar e, portanto, eliminar pelo menos parte das toxinas que se formaram em seu organismo. Se você morar perto das montanhas, vá para fora, encha os pulmões de ar frio e saudável e mergulhe de cabeça na neve alta.

Minha vizinha, Lisa Taylor, sempre recomenda um sanduíche de pedacinhos de *bacon* frito pela manhã, ao acordar, ou, então, um enorme e tradicional café da manhã britânico: salsichas e *bacon* fritos, pão com manteiga frito, cogumelos fritos, tomate grelhado, feijão assado, um copo grande de suco de laranja fresco, café forte ou chá, forte também. Bom, se isso não consertar a ressaca, pelo menos vai alimentá-lo bem.

Já Alex Comm, vizinho do outro lado, garante que o que funciona é uma boa sopa japonesa, o *missoshiru*, feito com caldo de peixe, missô e tofu (queijo de soja). Por cima, *ciboulette* crua picada fino.

Nossas pesquisas revelaram que há quem coma fígado bem acebolado no café da manhã. Se a simples idéia não enjoar seu estômago ainda mais, talvez valha a pena experimentar.

Há os que recomendam bananas logo cedo. Simplesmente bananas, ou bananas amassadas com aveia, mais um drinque energético,

ENGOV!!

como Atomic – que contém ácido pantotênico, niacina, vitaminas B6 e B12 –, para repor as forças perdidas.

Como cada pessoa é diferente da outra, há quem comece a consertar a ressaca assim que volta para casa: um copo grande de suco de tomate, cheio de gelo moído, antes de recolher-se, e outro, também gelado, assim que acordar.

Claro que, se a ressaca for ácido acetilsalicílico, basta um comprimido, e você estará bem o bastante para atravessar o dia, sem dar muito na vista. Se for apenas ligeira, como uma ressaca de talento, experimente preparar o seguinte remédio:

Drinque super-refrescante

Suco de 1 limão
1 colher (sobremesa) de mel
1 gema de ovo superfresco
Suco de 3 laranjas
1 pitada de noz-moscada ralada na hora

1. Bata no liquidificador o suco de limão, o mel, a gema e o suco de laranja, por alguns segundos.
2. Passe para um copo com gelo picado e polvilhe com a noz-moscada.

Além de super-refrescantes, os sucos (por exemplo, de laranja ou tomate) contêm um tipo de açúcar chamado "frutose", que ajuda a eliminar o álcool do organismo mais rapidamente.

Se for uma ressaca dinamite, nada, nem café preto e forte, vai acelerar a expulsão do álcool de sua circulação sanguínea. Só o tempo é que vai, realmente, funcionar. Para sentir-se temporariamente melhor, no entanto, experimente espremer três laranjas e tomar o suco com um comprimido de vitamina B. Além disso, tome um comprimido de paracetamol e beba água, água, água, sem medo de enferrujar. Pelo menos, ela vai reidratá-lo, enquanto a vitamina B o ajudará a recuperar seus nervos em frangalhos.

Se sua ressaca for dantesca, porém, e você estiver achando que um daqueles homenzinhos verdes resolveu usar sua boca como toalete, ou que apanhou da polícia secreta em algum recanto escuso do mundo, você precisa de algo mais para voltar à tona. Um remédio peso-pesado como este:

Drinque Revive-monge-de-pedra

1 cálice de vinho de caldo de carne
Suco de 1 limão
1 colher (café) de molho inglês
1 colher (chá) de molho de raiz-forte
1 medida de vodca
1 colher (café) de molho tabasco
1 gema de ovo superfresco
Sal e pimenta-do-reino moída na hora, a gosto

1. Encha metade de uma jarra com gelo moído. Acrescente o caldo de carne, o suco de limão, o molho inglês, o molho de raiz-forte, a vodca e o molho tabasco. Mexa bem até a mistura ficar uniforme.
2. Passe para um copo, enchendo-o até a metade. Acrescente a gema de ovo inteira e tempere com o sal e a pimenta-do-reino. Mande ver em um gole só.

Atenção! A receita leva caldo de carne na quantidade de um cálice de vinho. *Não* coloque vinho em um cálice de carne. O caldo de carne ajuda a repor o sal e o potássio que o corpo perde quando se consome álcool.

Gente muito mais importante do que você e eu já parou para pensar nos prós e contras da bebida. Veja alguns exemplos:

Não há boa vida onde não há boa bebida. BENJAMIN FRANKLIN

Comecei a beber por causa da uma mulher... E nem tive a oportunidade de agradecer-lhe. W. C. FIELDS

Abstêmio: pessoa fraca que se rende à tentação de negar um prazer a si própria. AMBROSE BIERCE

Um brinde à cerveja, a causa e a solução de todos os problemas da vida. HOMER SIMPSON

Sábio o homem que inventou a cerveja. PLATÃO

Eu bebo quando comemoro e... às vezes, quando não há nada para comemorar. MIGUEL DE CERVANTES

O problema de algumas pessoas é que, quando não estão bêbadas, estão sóbrias. WILLIAM BUTLER YEATS

Sem dúvida, a maior invenção da história da humanidade foi a cerveja. O.k., reconheço que a roda também foi uma boa invenção, mas uma roda não combina tão bem com um salsichão. DAVE BERRY

A boca de um homem totalmente feliz está cheia de cerveja. ANTIGO PENSAMENTO EGÍPCIO

A vida é curta demais para beber cerveja barata. VELHO PROVÉRBIO INGLÊS

Cerveja é o melhor remédio. PROVÉRBIO ALEMÃO

Pessoas boas bebem boas cervejas. ANTIGO PROVÉRBIO CELTA

A medicina "recomenda"

Se você foi realmente para além do deus-me-livre, telefone àquele seu amigo, estudante de medicina, pedindo socorro. Ele vai lhe dizer exatamente o que você precisa:

1. Injetar glicose com água na veia, para evitar a hipoglicemia.
2. Tomar água aos baldes, para hidratar suas células.
3. Para o enjôo, antiácidos que neutralizem os homenzinhos verdes no estômago. Comida, para a mesma finalidade. Massas ou pão, os famosos carboidratos, que são as principais fontes de energia e absorvem o álcool no estômago, evitando que continue a ir para o sistema cardiovascular e outros tecidos do corpo. É aí que se encontram também os famosos aminoácidos, elementos constituintes das proteínas. Procure a doceria mais próxima, se tiver forças para chegar até lá, senão use frutas ou mel de abelhas.
4. Um saco de gelo na cabeça e duas xícaras de café reduzirão a dilatação dos vasos sangüíneos, resolvendo o problema de rubor e calor, tudo causado pela inflamação das meninges.

AVISO

O consumo de álcool pode fazer com que você role da cama, pela manhã, e veja um assustador dragão roxo-esverdeado, soltando labaredas pelas ventas.

O QUE O RESTO DO MUNDO FAZ

Não sei se já contei que viajei, por muitos anos, mundo afora. Foi assim que descobri várias receitas para curar ressaca. Um de meus lugares preferidos, para onde voltei várias vezes – em férias, para curtir melhor –, foi o Rio de Janeiro. No Brasil existe uma bebida difícil de se encontrar em outros lugares. O povo a chama de cachaça ou, então, de pinga. É transparente e cheirosa e, com ela, se prepara um drinque chamado "caipirinha", com limão e açúcar. Toda vez que visito o Brasil, levo uma garrafa de cachaça para minha vizinha predileta, a Lisa. Com essa bebida também se preparam batidas, colocando um tipo de fruta no liquidificador – morangos, coco ralado, goiaba, maracujá; a variedade delas é infinita no Rio – e, depois, um pouco de açúcar e pinga. Como é doce, o drinque desce bem.

Só que tanto a caipirinha como a batida, seja lá de que fruta for, provocam ressacas monumentais, que os brasileiros consertam com um comprimido milagroso (que compro toda vez que vou lá e existe à venda até pela internet, nos Estados Unidos e na Europa) chamado Engov (fiquei sabendo que o nome vem da palavra inglesa *hangover*, que significa "ressaca"). Ensinaram-me a tomar um comprimido antes de sair para o bar ou para a festa e outro quando voltar. Contém hidróxido de alumínio, que é antiemético e, portanto, suprime o enjôo, e outras substâncias analgésicas e antialérgicas. Seja lá pelo que for, o fato é que funciona.

Gosto tanto do Brasil, que volto lá sempre que posso; cheguei até a aprender a falar um pouco de português. Nada impressionante, mas consigo, pelo menos, comunicar-me com os *barmen*.

A memória do fígado

Aconteceu com o Lewis, um amigo que me acompanhou na terceira viagem ao Rio de Janeiro. Era a primeira vez que ele ia ao Brasil e, assim que chegamos, levei-o a um bar em Copacabana, para que experimentasse uma batida de goiaba. Ele simplesmente a-do-rou! Tomou a primeira, a segunda, a terceira e, daí para a frente, certamente perdeu a conta.

Ainda bem que falo um pouco de português, porque do bar fomos diretamente ao hospital: Lewis estava em coma alcoólico.

Hoje em dia, se Lewis sentir o simples cheiro de goiaba, já fica com ânsia de vômito.

Já na Alemanha, não há Engov nas farmácias. Os alemães, entretanto, sabem que o repolho tem propriedades absorventes, aderindo às substâncias perigosas que circulam pelo organismo e carregan-

do-as para fora. Suponho que tenha sido por isso que o *Sauerkraut* – repolho cortado fino e fermentado – passou a ser prato típico nacional. É que os alemães gostam de tomar suas cervejinhas, dia sim e outro também.

No norte da Alemanha, para curar ressaca, come-se arenque: marinado, frito, assado ou em conserva. Come-se até salada de arenque com beterraba e maionese. Se quiser comprar arenque pronto, procure, em supermercados onde haja produtos importados, por *Heringssalat, Brathering* ou mesmo *Rollmops*. Para meu amigo Fritz, de Hamburgo, um grande remédio é um arenque em conserva com uma cervejinha, para descer melhor.

Foi na Alemanha que conheci Helga. Ela me ensinou o que considera a melhor cura para ressaca do mundo. Bom, pelo menos para Henrik, o marido dela, funciona bem.

A cura de Helga

1 copo de suco de tomate
3 colheres (sopa) de vinagre
Suco de 2 limões
4 fatias de cebola
3 colheres (sopa) de açúcar
4 talos de salsão
3 colheres (chá) de molho tabasco
Pimenta-do-reino moída na hora
Sal

1. Misture todos os ingredientes. Coloque em um recipiente com tampa e guarde na geladeira.
2. Coe e sirva.

O filhote do arenque, cru, fresco, na Holanda é chamado de *Matjes*: come-se com cebola, acompanhado de uma cerveja. A verdade é que os holandeses sabem que o organismo necessita de produtos salgados, para compensar os minerais que perdeu, e de água, para compensar a desidratação. E a cerveja contém 95% de água!

A Tailândia, porém, é que é um país estranhíssimo. A maioria do povo é budista, mas lá existe uma quantidade incrível de curas para ressaca. Será que é só para atender os turistas? A coisa toda fica ainda menos compreensível quando se sabe que os impostos sobre bebidas alcoólicas chegam a 50% do preço de venda. Assim mesmo, o país está entre os cinco primeiros em que mais se bebe no mundo, antes mesmo da Irlanda e da França. Entre as bebidas mais badaladas, estão o uísque de arroz e o rum (de cana-de-açúcar, claro), seguidos da cerveja, também fabricada lá. A propósito, se você está de saída para a Tailândia, aprenda logo: cerveja, lá, se chama *bia*, e chope se diz *bia sot*. Os vinhos são, praticamente, todos importados.

Seja como for, o fato é que os tailandeses sabem muito bem o que fazer em caso de ressaca. Veja só esta cura, uma receita tradicional, cujo nome, em tailandês, é *Khai Luuk Kheu*, que se traduz por "ovos do genro" – interprete como quiser –, não posso imaginar por quê.

Ovos do genro

2 ovos bem frescos
3 colheres (sopa) de chalotas em rodelas
Azeite de oliva para fritar

10 pimentas vermelhas secas, picadas grosseiramente
3 colheres (sopa) bem cheias de açúcar mascavo
$1/2$ xícara (chá) de suco de tamarindo
2 colheres (sopa) de molho de peixe
Algumas folhas frescas de coentro para guarnecer

1. Coloque os ovos em uma panela com água suficiente para cobri-los. Leve ao fogo e, quando levantar fervura, baixe a chama. Deixe ferver por cerca de 10 minutos. Retire do fogo e coloque sob água corrente fria, para evitar que se crie aquela cor escura em torno da gema. Retire a casca.
2. Frite as chalotas em duas colheres (sopa) de azeite, até que fiquem bem douradas. Deixe escorrer o excesso de gordura em papel de cozinha.
3. Use o azeite restante para fritar as pimentas secas, até se tornarem vermelho-escuras. Não deixe escurecer demais. Retire da frigideira e escorra. Despreze o azeite restante.
4. Coloque $1/3$ de xícara de azeite em uma frigideira de fundo grosso e espere aquecer. Frite os ovos cozidos até dourarem bem. Retire da frigideira e escorra.
5. Retire o azeite da frigideira, deixando apenas duas colheres (sopa). Adicione o açúcar mascavo e espere derreter. Acrescente o suco de tamarindo e o molho de peixe e frite até que o molho adquira uma consistência grossa, de xarope.
6. Corte os ovos no sentido do comprimento e disponha em uma travessa de servir, com a gema para cima. Despeje o molho por cima. Distribua, depois, as chalotas e as pimentas fritas. Guarneça com o coentro e sirva com uma cerveja gelada.

Remédio considerado mais ou menos universal é o boldo, também chamado de "boldo-da-terra" (*Plectranthus barbatus*) ou boldo-do-chile (*Peumus boldus*). Usam-se as folhas contra a ressaca, para o fígado e até como digestivo. E como utilizar o boldo?

Suco de boldo

Não podemos chamar isso de chá, porque não vai ao fogo. Nem é infusão também. E, atenção, se você colocar o boldo em água quente, a maior parte de suas propriedades se perderá.

2 a 4 folhas de boldo frescas
½ copo de água filtrada

1. Lave bem as folhas de boldo. Coloque em um almofariz e amasse bem com o pilão, até que comece a soltar os líquidos.
2. Acrescente água filtrada, gelada ou ao natural. Passe para outro copo, coando com um coador de chá. Tome de um gole só, porque é muito amargo. Garanto que funciona.

Sopa de alho

Fique sabendo que, nos países bascos, essa sopa se chama *moscor zalda* (sopa de bêbado).

Serve 2 pessoas

4 colheres (sopa) de azeite de oliva extravirgem
3 ovos
3 dentes de alho em fatias finas
2 colheres (sopa) de salsa picadinha
8 fatias de pão francês picadas grosseiramente

1. Ponha o azeite em uma frigideira e doure o alho em fogo baixo. Acrescente o pão e mexa para que fique embebido no azeite.
2. Acrescente 4 xícaras (chá) de água e deixe cozinhar por 15 a 20 minutos. Junte a salsa picada e adicione os ovos inteiros. Mexa bem para que se integrem à sopa.

Essa sopa também funciona para resfriados, com a vantagem de o odor que emana de sua boca, depois de tomar a sopa, manter os vampiros a distância.

A penicilina cura os homens; o vinho os faz felizes.

SIR ALEXANDER FLEMING

Certamente, Deus é um sujeito muito legal, por ter dado o vinho ao homem. Se eu fosse Deus, teria guardado a receita só para mim.

THÉOPHILE GAUTHIER

Resultados da pesquisa mundial

Estes são alguns exemplos das respostas que obtivemos ao fazer nossa pesquisa sobre qual a melhor cura para ressaca:

– Aprendi a melhor cura para ressaca com minha mãe: quebre um ovo de codorna em uma xícara de saquê quente. Tome tudo de uma vez (o gosto é horroroso). Foi a melhor cura que já experimentei! GRACE

– Água, água por toda parte! Fiz um curso de coquetéis e me recomendaram que, para cada drinque alcoólico, tomasse um copo (250 ml) de água. DUNCAN

– Tomo água enquanto bebo álcool, para prevenir a ressaca. Se não me sentir bem de manhã, no entanto, tomo chá de camomila e hortelã, para ajustar o estômago e a dor de cabeça. WILLIAM

– Tomo suco de pepinos. E funciona muito bem! LUKE

– Nos últimos dez anos, meu tio viajou em torno do mundo várias vezes. Quando estava na Europa, sempre celebrava o sucesso de um negócio com os amigos até 2 ou 3 horas da manhã e, invariavelmente, acordava com ressaca. Seus amigos, entretanto, não. Então, ele lhes perguntou como podiam beber tanto sem sofrer as conseqüências no dia seguinte. A resposta: tome muita vitamina B12, antes e enquanto bebe. Mais antes de dormir. Beba água também, senão o remédio não funciona. Experimentei e deu certo! MIKE

– Alho espalhado em uma torrada amanteigada. O gosto é ótimo, o cheiro horrível, mas você se sente superbem! PETE

– Acredite em um velho marinheiro: a melhor cura para ressaca é comer comida mexicana bem apimentada antes de beber. De manhã, tome bastante Gatorade sabor limão. JOHN

– Quando sair do *pub*, corra até sua casa, se a distância for de, pelo menos, 1,5 km. Exercícios aeróbicos trazem mais oxigênio para o sangue e retiram as toxinas do organismo. Portanto, não haverá ressaca! RAY

– Tome uma cerveja logo de manhã, para rebater a ressaca. STUART

– Misturo meio copo de cerveja com meio de V-8 e tomo. Adeus, ressaca! ANDY

– Não saio de casa sem meus comprimidos de mamão-papaia. As enzimas naturais que ajudam a digerir proteínas também funcionam para reduzir os efeitos da ressaca. DEREK

– Coma bastante coco. Com certeza, vai curar sua ressaca. ERIC

– Beba um copo de suco de picles ou um pouco de vinagre. Limpa o organismo e, em cerca de uma hora, você vai se sentir melhor! SHAWN

– Tome mais um copo de manhã. DANIEL

– Quando estou com ressaca, de manhã, o melhor remédio é uma cerveja gelada. Minha cabeça fica ótima na hora! SHANDY

– Vou ao McDonald's, peço um BigMac e uma coca-cola. É a melhor cura que conheço. Parece horrível, mas garanto que funciona! LEON

– Para mim, um *bloody mary* bem temperado (com bastante salsão e pimenta-do-reino) faz maravilhas! HENRIK

– Tomo meio copo de cerveja misturado com meio copo de suco de tomate. Acrescento sal e pimenta-do-reino e engulo. GUNTHER

– Levanto, tomo uma cerveja gelada, dois comprimidos para a dor de cabeça, e pronto. Imediatamente me sinto melhor. HASSAN

– Uma garrafa de Im Bru gelada. É um drinque muito conhecido na Escócia. É cor de laranja vivo e tem um gosto... inexplicável. Mas também tem propriedades revigorantes! BEN

– Lá em São Miguel, no Rio Grande do Norte, a gente faz um caldo de galinha caipira ou, então, uma buchada de bode! GUGU

– Um *gin fizz* com um ovo cru bem misturados e uma fatia de pão branco, antes de ir para a cama. HELGER

– Chá de trigo gelado, mamão-papaia e oito ostras frescas, antes de recolher-se. CONRAD

– *Sauerkraut*, beterrabas e pão fresco, assim que voltar para casa. KAI HOLGER

– Beba bastante, de maneira que não vai acordar antes da hora de sempre. CARLOS

Há, porém, quem acredite que, para curar ressaca, só mesmo café, que age como vasoconstritor, reduzindo o inchaço dos vasos sanguíneos e a cefaléia. Se você é membro desse partido, experimente a receita seguinte.

Maria-preta-e-virgem

Só a título de ilustração, acrescento que a melhor Maria-preta-e-virgem que tomei foi no Las Ventanas, em Barcelona, na Espanha.

1 expresso duplo
Suco de um limão
4 colheres (chá) de açúcar

Coloque todos os ingredientes em uma coqueteleira e misture bem. Acrescente dois cubos de gelo e beba. Para garantir que você voltará realmente à tona, é melhor beber dois.
Se quiser, substitua o açúcar por mel, que contém uma forma concentrada de frutose e, por isso, ajuda a eliminar o álcool mais rapidamente.

Existe um remédio que me foi recomendado por Gioietta, uma amiga italiana muito simpática, que ficou com pena de mim na manhã seguinte. Ela colocou duas gotas de amoníaco em um copo de água e me pediu para cheirá-lo. E aquela tontura fastidiosa se foi!

Nós, europeus, curtimos o verão de verdade. É uma época do ano em que as pessoas parecem mais felizes, sorriem mais, saem para divertir-se, curtem a vida. Tanto é que um remédio para a ressaca foi batizado de Verão Europeu.

Verão europeu

1 ovo
1 colher (sopa) de molho tártaro
Pimenta-do-reino moída na hora
1 pitada de sal
1 colher (chá) de molho tabasco
1 cebola bem picada
3 anchovas bem picadas
1 dose de conhaque
Azeite para fritar
Algumas anchovas inteiras para guarnecer
Pepininhos em conserva
½ xícara (chá) de cogumelos frescos, escovados
2 colheres (sopa) de salsa fresca, bem picada
Suco de 1 limão
1 xícara (chá) de morangos frescos
1 colher (sobremesa) de frutose (ou mel)

1. Bata a gema do ovo, bem fresquinho, com o molho tártaro. Tempere com a pimenta-do-reino, o sal, o molho tabasco, a cebola e as anchovas. Acrescente o conhaque.
2. Tempere a clara do ovo com pimenta-do-reino.
3. Aqueça o azeite em uma frigideira e frite a clara com cuidado. Decore com as anchovas inteiras.
4. Faça uma salada para acompanhar: coloque os pepininhos (quanto mais salgados, melhor) em torno de uma travessa. No centro, coloque os cogumelos com a salsa. Tempere com o suco de limão.
5. Agora, prepare a sobremesa: corte os morangos ao meio. Adoce com a frutose.

Se você, porém, se levantou jurando que nunca mais vai colocar uma gota de álcool na boca, é melhor partir para outro remédio, dessa vez americano:

Ostra da pradaria

1 colher (chá) de azeite de oliva extravirgem
2 colheres (sopa) de molho *catchup*
Gema de 1 ovo fresquinho
1 pitada de sal
Pimenta-do-reino moída na hora
1 colher (chá) de molho tabasco
1 colher (chá) de molho inglês
Suco de 1 limão

1. Coloque o azeite em um copo para coquetel. Acrescente o *catchup* e despeje a gema cuidadosamente. Tempere com o sal, a pimenta-do-reino, o molho tabasco e o molho inglês. No final, adicione o suco de limão.
2. Sirva com um copo de água gelada. Tente engolir a gema inteira.

Diga-se de passagem, os americanos têm toda razão quando se preocupam com a ressaca, tanto um dia antes, ao preparar o "remédio", como depois. O *The New York Times* publicou, recentemente, um artigo contando que o consumo de álcool custa US$ 148 milhões por ano, ou seja, US$ 2 mil por trabalhador, por conta de faltas e mau desempenho no trabalho. Os números foram divulgados por uma equipe da Universidade da Califórnia e justificam a corrida por uma droga capaz de combater os efeitos do álcool no dia seguinte. Por motivos pessoais e – admito – egoístas, estou torcendo para que achem logo!

Pagoa

Esta receita não é para os desavisados, mas para os precavidos, aqueles que, ao sair, sabem perfeitamente bem o que vai acontecer – ou, pelo menos, imaginam –, porque deve ser preparada na véspera.

2 fatias de atum cru bem picado
Suco de 4 limões
2 tomates bem picados
1 dente de alho amassado
½ pepino em cubinhos
½ pimentão vermelho em cubinhos

1. Coloque todos os ingredientes em uma tigela e misture bem. Tampe.
2. Leve à geladeira e deixe descansar por várias horas.
3. Coma no dia seguinte, quando a dor de cabeça estiver a toda.

Os chás também comparecem na longa lista de "remédios" para curar ressaca. Há quem acredite que o chá-preto, frio, é capaz de fazer sua cabeça parar de retumbar como tambor em dia de parada militar. Outros defendem o chá de hortelã, feito com folhas frescas. Ou o de valeriana. Pessoalmente, prefiro o chá-preto frio, misturado ao de hortelã e temperado com suco de limão. E açúcar à vontade, claro, esse não pode faltar.

Os franceses, tão refinados, recomendam tomar, na manhã seguinte, uma sopa de cebola bem quente. Na verdade, não há como reclamar: a sopa de cebola que inventaram é deliciosa, talvez a hora é que não seja muito adequada.

Os suíços, ao contrário, partem para o rebate. Recomendam uma (só uma, veja lá) dose de conhaque com uma pitada de licor de menta. Na mesma linha, um dos inúmeros *barmen* brasileiros que se tornaram meus amigos recomenda rebater com uma bebida fraca: Contini, Martini ou licor de menta.

Se os russos tomam suco de pepino bem salgado, com pão preto demolhado em água, os porto-riquenhos – filósofos de primeiríssima linha – recomendam esfregar um limão sob o braço que você usa para erguer o copo. Não consegui descobrir se o limão fica inteiro ou se deve ser partido ao meio – Pablo adormeceu na cadeira e tive de carregá-lo para casa. De qualquer modo, é bem pouco provável que funcione.

Se há um povo que tem superorgulho do churrasco que prepara – o prato nacional por excelência –, esse é o australiano. Talvez por isso recomendem, no café da manhã, um enorme *T-bone steak* na brasa. Dizem eles que, se isso não funcionar, deve-se partir para um bom *milk-shake* de chocolate.

No norte da Mongólia, o sujeito de ressaca come um olho de carneiro em conserva, mergulhado em um copo de suco de tomate, enquanto, para os noruegueses, basta um copo grande de creme de leite fresco.

Deixei o Haiti por último porque Marcel – o *barman* que me deu esta dica – está meio envolvido com vodu. Ele jura, no entanto, que a melhor cura é fincar sete alfinetes de cabeça preta na rolha da garrafa que lhe deu a ressaca.

O problema é que as pessoas são diferentes umas das outras: em tamanho, peso, metabolismo e coisas assim. Por isso, o que funciona para um pode não funcionar para o outro. O método de tentativa e erro pode não ser rigorosamente científico, mas é a única maneira de você descobrir o que melhor funciona para curar as *suas* próprias ressacas. Tenha muitas e experimente muitos remédios, até descobrir aquele que realmente funciona.

AVISO

O consumo de álcool pode influenciar fortemente a equação espaço-tempo. Por isso, alguns pequenos (algumas vezes, grandes) espaços de tempo podem desaparecer.

A CURA DE HENRY PARA SITUAÇÕES DE EMERGÊNCIA PROFISSIONAL

Você dormiu demais e perdeu a hora daquele encontro importante com seu melhor cliente. Pior que tudo: você tem diante dos olhos um milhão de pontinhos, os pretos maiores que os outros, os dourados explodindo como fogos de artifício, os vermelhos e amarelos confundindo sua visão. Deve ser um complô da concorrência, para onde seu cliente vai se voltar depois desse atraso. Telefone e diga que está no velório de seu melhor amigo. Marque outra reunião, para mais tarde.

Para perfumar o hálito e eliminar, pelo menos em parte, o gosto de sanitário de alienígenas da boca, experimente chupar duas ou três *Spear Mint-Ice Drops*.

Meu amigo Henry, que foi convidado a retirar-se da universidade de medicina no quarto ano, porque chegou à aula cambaleando, garante que essa cura vai deixá-lo novinho em folha em apenas quinze minutos. E jura que é ainda melhor se você puder fazer tudo debaixo do chuveiro.

Cura rápida de emergência

2 Aspirinas
1 copo grande de água pura (Não, você não vai se afogar com isso, nem ficar marrom de ferrugem.)
1 ou 2 comprimidos de vitamina B (tiamina)
2 Alka-Seltzers
1 copo de leite
2 cafés expressos
Chuveiro quente/frio

Suco de 1 limão
1 fatia de pão com bastante manteiga
6 morangos frescos

1. Assim que você conseguir mover-se, engula as duas Aspirinas com meio copo de água pura.
2. Dissolva a vitamina B (tiamina) e os Alka-Seltzers no meio copo de água pura que sobrou.
3. Enquanto eles se dissolvem, beba o leite. (Você precisa de gordura para absorver a vitamina.) Depois, tome o coquetel de tiamina e Alka-Seltzer.
4. Coloque a cafeteira para preparar café expresso (evite café de coador, não vai fazer efeito).
5. Enquanto a cafeteira trabalha, corra para o chuveiro. Comece com um banho quente e, aos poucos, esfrie, até ficar *bem* frio.
6. Volte à cozinha e misture o suco de limão ao café. Tome enquanto come o pão com manteiga.
7. Tente encontrar morangos frescos na quitanda e coma-os *antes* da reunião que remarcou com seu maior cliente. Boa sorte!

Nota: As pesquisas demonstraram que, quando estressado, o organismo se volta para as vitaminas do complexo B (e não há estresse maior que excesso de álcool!). Repor a tiamina pode reduzir a duração da ressaca.

AS CURAS ALTERNATIVAS

Aquele gosto de maçaneta ensebada que você tem na boca vai passar, sim. Não se desespere. Mesmo que você não acredite em curas alternativas, na hora H apela-se para *qualquer* santo.

- **Medicina aiurvédica.** Encha um copo com suco de laranja, adicione uma colher de chá de suco de limão siciliano e uma pitada de cominho. Beba tudo de uma só vez.

- **Homeopatia**. Arraste-se até a loja de alimentos naturais ou à farmácia homeopática mais próxima e compre *Nux vomica* na concentração CH6 ou CH30. É ótimo para a dor de cabeça, que piora com o barulho, a luminosidade e as atividades mentais. Tome dois comprimidos a cada três ou quatro horas, até melhorar.
- **Aromaterapia**. Um coquetel aromaterápico pode ajudar a mitigar o enjôo. Adicione o suco de ½ limão a ½ copo de água e 1 ou 2 gotas de óleo essencial de erva-doce. Beba em jejum.
- **Naturopatia**. Lave bem e bata, no liquidificador, 1 cenoura, ½ beterraba, 1 maço de salsinha e 1 talo de salsão. Coe e beba um copo de manhã em jejum; tome outro mais tarde. Os sucos frescos ajudam a expelir as toxinas do organismo e a reidratá-lo.
- **Medicina chinesa**. Dois remédios chineses, não mutuamente exclusivos. Na manhã seguinte, beba suco fresco de tangerina ou coma de oito a dez morangos frescos. Tanto um como o outro contêm muitos minerais, para substituir aqueles que foram expulsos de seu organismo com o álcool.
- **Ervas**. Prepare uma tintura de tomilho. Bata caules e folhas da erva no liquidificador, com vodca suficiente para cobri-los. Guarde em um frasco hermeticamente fechado. Depois de 21 dias, adicione 2 colheres (sopa) de glicerina para cada ½ litro de tintura e 10% por volume de água mineral natural. Coe e guarde novamente, em um vidro escuro bem fechado. Conserve em lugar fresco e seco, e tome quinze gotas, três vezes por dia, quando necessário.

Em lugar de chiclete, mastigue casca de salgueiro. Ela contém uma forma natural de salicilato, o ingrediente ativo da aspirina, que se libera na mastigação.

Escolha uma dessas alternativas, ou mais, se quiser. Tanto faz. Você vai ter de tomar esses remédios uma só vez na vida, porque você "nunca mais vai beber", não é?

Em tempo: Para os olhos, o melhor remédio que existe é um maço de flores frescas no vaso, diretamente em sua linha de visão, da cadeira onde está sentado com um saco de gelo na cabeça.

O dono do bar já estava cansado com aquele bêbado, que todo dia aparecia para encher a cara. Assim, quando o bêbado pediu mais uma, ele despejou ácido no copo. O bêbado tomou, fez uma careta, e disse:

– Esta é forte, hein? – e saiu, cambaleando.

Passaram-se vários dias, e o bêbado não apareceu mais. O dono do bar ficou meio preocupado, achando que havia matado o pobre coitado. Uma noite, o bêbado reapareceu, já trançando as pernas, e pediu uma pinga. O dono do bar encheu o copo, o bêbado tomou, fez uma careta e exclamou:

– Esta não! Eu quero aquela que, quando a gente faz xixi, enche a calçada de buraquinho...

Soluções heterodoxas

Assim como existem as soluções tradicionais da medicina convencional, as menos badaladas, como as da medicina alternativa, há quem recomende as assim chamadas "soluções heterodoxas", diferentes de todos os padrões conhecidos.

Pasta assíria

1 colher (chá) de bico de periquito moído
1 colher (chá) de mirra moída

Misture os ingredientes e coloque em um copo com água pura.

O ferrão

Essa cerimônia – talvez eu devesse dizer ritual – tem de ser realizada em pé, com os olhos fechados.

1 limão cortado em quatro
Molho inglês

1. Feche bem os olhos e morda 1/4 do limão. A sensação que percorrerá seu corpo vai fazer com que seu cérebro dê sumiço a qualquer memória da noite anterior.
2. Se isso não ocorrer, você, provavelmente, vai desmaiar.

Em tempo: Pensando bem, acho que o molho inglês não será necessário.

Pardal frito

1 pardal
1/2 litro de óleo para fritar
Pimenta-do-reino moída na hora
Sal

1. Corte a cabeça do pardal. Use uma tesoura para cortar a pele, perto do osso do peito. Retire cuidadosamente a pele, com todas as penas.
2. Aqueça bem o óleo. Coloque a ave na frigideira e frite por 2 minutos. Retire, escorra e tempere com a pimenta-do-reino e sal a gosto.

Nota: Se não conseguir um pardal, substitua pelo canário que está na gaiola.

Peixe-espada com amêndoas

1 peixe-espada, em fatias grossas
100 g de amêndoas torradas, em lâminas finas

1. Lave cuidadosamente as fatias de peixe-espada.
2. Cubra com as amêndoas e coma. Cru, sim, assim como está.

MAMÃE!! UM CHÁ DE BOLDO, URGENTE!!

Um cidadão está no bar, quieto em um canto, olhando para o copo diante dele, quando um enorme motorista de caminhão sobe na banqueta ao lado da dele, pega o copo e bebe tudo de uma vez só.

O sujeito começa a chorar.

O motorista de caminhão diz:

- Vamos lá, rapaz, eu só estava brincando. Veja, eu lhe pago um outro drinque. Pelo amor de Deus, não chore.

E o outro, soluçando:

- Você não entende? Hoje foi o pior dia da minha vida. De manhã cedo, perdi a hora, cheguei tarde ao escritório e, quando cheguei, meu chefe me chamou em sua sala e me despediu. Desci para o estacionamento e descobri que alguém havia roubado meu carro. Tomei um táxi para casa. Quando cheguei lá, lembrei que havia deixado a carteira, o talão de cheques e o cartão de crédito na escrivaninha do escritório. O motorista não acreditou em mim e quis me bater, criou o maior caso. Tive de prometer que pagaria com juros. Finalmente, entrei em casa, e encontrei minha mulher na cama com o jardineiro. Foi demais. Vim para este bar pensando em acabar com tudo. Chega! Não agüento mais! Quando estou criando coragem para dar fim na coisa toda, você aparece e toma meu veneno...

MANDA A ZAIDEIRA, RAPAZES!

Drinques sem álcool

Há quem goste de rebater a ressaca com bebidas alcoólicas. Outros, simplesmente, odeiam a idéia. Se você faz parte dessa última categoria, experimente um destes remédios.

Bloody Virgin Bull

Se for bem-preparado, este drinque é um super-remédio para a ressaca. Mas lembre-se: o *consommé* precisa ser de primeira categoria, feito com bastante salsão. Melhor prepará-lo com antecedência e colocá-lo no congelador para os inesperados casos de emergência.

1 colher (sopa) de suco de limão
1/2 xícara (chá) de suco de tomate
1/2 xícara (chá) de *consommé* de carne
1 colher (chá) de molho tabasco
1 colher (chá) de molho de pimenta
1/2 pimenta dedo-de-moça bem fresquinha
1 talo de salsão picado bem miúdo
Pimenta-do-reino moída na hora
Sal

1. Coloque todos os ingredientes em um copo alto. Misture bem.
2. Adicione bastante gelo. Beba.

Virgin Mary

1 xícara de suco de tomate
Suco de 1/2 limão
1 colher (chá) de molho tabasco
1/2 pimenta dedo-de-moça fresquinha, bem picada
1 colher (chá) de molho inglês
Pimenta-do-reino moída na hora
Sal
1 talo de salsão

1. Coloque o suco de tomate em um copo alto. Acrescente o suco de limão e misture.
2. Adicione o molho tabasco, a pimenta e o molho inglês. Tempere com o sal e a pimenta-do-reino. Sirva com o talo de salsão.

ISSO NUNCA ME ACONTECEU ANTES...

Caldos e sopas que podem ajudar

Antigamente, houvesse qualquer mal-estar ou doença, logo aparecia uma mucama para lhe servir um caldinho. Bem, parece que a moda está reaparecendo: há quem defenda a cura da ressaca com caldos. E mucamas.

Caldo de cravo

7 cravos-da-índia

1. Aqueça os cravos-da-índia em 1 litro de água e deixe ferver por 30 minutos.
2. Passe para um copo e tome quanto puder.

Em tempo: Esse caldo tem a vantagem de aromatizar a casa toda. Se a ressaca não melhorar, pelo menos o espírito se elevará.

Caldo de mariscos

12 mariscos
1 xícara (chá) de suco de tomate
Suco de 1 limão
Algumas folhas de manjericão frescas, picadas
2 colheres (sopa) de creme de leite azedo
Pimenta-do-reino moída na hora
Sal

1. Ferva ½ litro de água. Adicione os mariscos e ferva por 3 minutos. Retire do fogo e coe.
2. Coloque, em uma panela, 1 xícara (chá) do caldo de mariscos e acrescente o suco de tomate e o suco de limão. Aqueça.
3. Retire do fogo e junte o creme de leite azedo. Tempere com o manjericão, a pimenta-do-reino e o sal. Sirva quente.

Sopa de repolho I

250 g de carne magra
1 osso de boi
1 dente de alho amassado
1 cenoura
1 talo de salsão
1 alho-poró
1 folha de louro
13 grãos de pimenta-do-reino
½ repolho cortado em tiras finas
Sal
Alguns galhinhos de *dill* fresco, bem picado
2 colheres (sopa) de creme de leite azedo

1. Leve ao fogo uma panela com 1 litro de água. Ferva e acrescente a carne, o osso, o alho, a cenoura, o salsão e o alho-poró. Tempere com o louro e os grãos de pimenta-do-reino, tampe e deixe cozer por 2 horas em fogo baixo. Acrescente um pouco mais de água se necessário.
2. Coe o caldo e adicione o repolho em tirinhas. Leve novamente ao fogo e deixe por 20 minutos. Tempere com sal e decore com o *dill* e o creme de leite azedo.

Sopa mexicana de arroz

1 xícara de arroz cru
2 colheres (sopa) de azeite de oliva ou óleo de amendoim para fritar
1 cebola pequena picada
3 dentes de alho bem picados
4 xícaras (chá) de caldo de carne ou de galinha
1 xícara (chá) de suco de tomate
Pimenta-do-reino moída na hora
Sal

1. Frite o arroz, mexendo constantemente, por 5 minutos. Acrescente a cebola e o alho e continue mexendo, por mais 5 minutos, até dourar.
2. Adicione o caldo e o suco de tomate. Tempere com a pimenta-do-reino e o sal. Cozinhe, em fogo bem baixo, por 35 a 40 minutos, até que o arroz fique bem macio. Se necessário, acrescente mais água. Sirva.

Sopa escocesa revigorante

1 litro de caldo de galinha
2 talos de salsão
200 g de quiabos limpos
4 folhas de escarola
4 folhas de almeirão
2 colheres (sopa) de azeite de oliva extravirgem
3 cebolas bem picadas
1 xícara (chá) de açúcar

1. Aqueça o caldo. Quando ferver, adicione o salsão, os quiabos, a escarola e o almeirão.
2. Aqueça o azeite em uma frigideira. Frite a cebola até ficar macia. Adicione o açúcar.
3. Misture as cebolas à sopa. Aqueça até ferver. Sirva com fatias de pão rústico ou italiano.

Oração do pau-d'água

Santa Cachaça que se extrai da cana, purificado seja o vosso caldo. Aguardente sem mistura, venha a nós o vosso Santo Líquido para beber à nossa vontade, tanto no boteco como em qualquer lugar. Dez litros pelo menos dai-nos hoje, perdoai quando bebemos de menos, assim como nós perdoamos o mal que vós fazeis. Não nos deixeis cair pelas calçadas e livrai-nos da radiopatrulha. Amém. Hic!

ISTO É UM SANTO REMÉDIO, EM DOSES BEM APLICADAS VOCÊ LEVA QUALQUER UM PARA A CAMA!

A casa onde eu morava nessa época tinha algumas qualidades. Uma das mais bacanas era o quarto, pintado de um azul muito escuro. Esse azul muito escuro oferecia um abrigo para muitas ressacas, algumas delas suficientemente brutais para matar um homem, sobretudo numa época em que eu engolia as pílulas que as pessoas me davam sem me preocupar em perguntar o que eram. Algumas noites eu sabia que, se adormecesse, morreria. [...] Depois, quando o sol saía, eu sabia que estava salvo. Aí, dormia com as paredes azuis azuis azuis, curando-me.

Essa passagem está em *Hollywood*, de Charles Bukowski, escritor alemão que viveu nos Estados Unidos, reconhecidamente o santo padroeiro dos bêbados escritores – ou seria dos escritores alcoólatras?

Nascido na Alemanha, foi levado pela família para Los Angeles, nos Estados Unidos, aos 2 anos, e lá viveu a maior parte da vida. Começou a beber aos 13 anos, e nunca parou durante toda a vida. Sua linguagem é a poesia das ruas vista a partir da honestidade de uma ressaca; ficava à vontade no meio de gente de rua, punguistas e prostitutas, de estilo de vida, digamos, volátil. No livro que se intitula *Play the Piano Drunk Like a Percussion Instrument until the Fingers Begin to Bleed a Bit* (1979) (Toque piano bêbado como um instrumento de percussão até que os dedos comecem a sangrar um pouco), ele se queixa:

[...] [...]
It's so easy to be a poet é tão fácil ser um poeta
and so hard to be e tão difícil ser
a man um homem
[...] [...]

Um outro livro, intitulado *It Catches My Heart in Its Hands* (1963) (Pega meu coração em suas mãos), é uma coleção de poesias sobre alcoólatras, prostitutas, perdedores em jogos de azar, e outros personagens pertencentes à periferia da vida: nele, Bukowski usa, como sempre, imagens violentas e palavrões.

A água faz chorar; o vinho, cantar.

PROVÉRBIO FRANCÊS

UMA SEMANA DE ABSTINÊNCIA TOTAL! ORA, ISSO É MOLE!!
PEGA!!

Embriagar-se é pecado?

Bem, vamos cuidar do espírito, visto que o corpo não dá mais nada. Já lhe ocorreu perguntar a si próprio – ou a alguma autoridade eclesiástica – se embriagar-se é pecado? Pois eu já fiz isso e obtive diversos tipos de resposta. Veja só:

1. Não acho que embriagar-se seja pecado, pois a cada pecado corresponde um outro, contrário a ele; por exemplo, a covardia se opõe à coragem, à audácia. Como nenhum pecado se opõe à embriaguez, ela não é pecado.
2. Todo pecado é voluntário. Ninguém quer embriagar-se, pois ninguém quer ser privado do uso da razão. Portanto, a embriaguez não é pecado.
3. Quem for causa de pecado para outra pessoa, também pecará. Se a embriaguez fosse pecado, quem convidasse outra pessoa para beber estaria pecando...
4. Todo pecado deve ser corrigido, mas os bêbados não se corrigem. Disse são Gregório: "É preciso usar de indulgência para com eles

e deixá-los às suas tendências, para que eles não se tornem piores se forem arrancados desse hábito".

5. Aristóteles dizia que a insensibilidade que se opõe ao comedimento é bastante rara, porque esse vício não tem nome. O vício que se opõe à embriaguez, portanto, não tem nome. Mas aquele que, conscientemente, se abstiver de vinho, a ponto de prejudicar gravemente sua saúde, não estará isento de falta. O uso imoderado do vinho – em que consiste o pecado – é voluntário.
6. Se o bebedor não ignora a grande força do vinho, e aquele que o convida não ignora que ele será embriagado por aquela bebida, ambos pecam. Falando de comilanças e beberronias, santo Agostinho escreveu ao bispo Aurelius: "Tanto quanto posso julgar, não é o rigor, a duração, a violência que suprimem esses vícios, é o ensinamento mais que o mandamento, o conselho mais que a ameaça. Com efeito, é assim que é preciso agir com a maior parte dos pecadores, e só usar severidade com alguns poucos deles".
7. Esse mesmo santo Agostinho declarou que se alguém, comendo ou bebendo, ingere mais do que é necessário, isso representa pecado pequeno, simplesmente venial. Portanto, a embriaguez causada por excesso de bebida é uma falta desculpável.

Em suma, há quem considere que se embriagar não é pecado, há quem ache que é. Há os que pensam que não é grave, os que pensam o contrário. Se assim não fosse, no entanto, o mundo seria monótono, não é?

APOSTO QUE VAI DIZER QUE NÃO SE LEMBRA DE NADA!

Um povo de abstêmios (ui!)

Assim eram os astecas, mas certamente não por livre escolha! Antes da chegada dos espanhóis à área que hoje corresponde mais ou menos ao México, em discurso ao povo, após ser eleito, o rei Nezaualcoytl afirmava que o *octli* – bebida feita de suco de agave fermentado, hoje chamado *pulque* – e a embriaguez eram a causa de todas as discórdias, revoltas e altercações por toda parte. Destruía tudo, como um furacão. Tudo isso declarado em *nahuatl*, idioma asteca que chegou até nós por obra de frei Bernardino de Sahagún.[3]

O agave era uma planta tão importante, que tinha uma deusa só dele, *Mayauel*. E cuidava o povo de agradar também aos deuses da bebida e da embriaguez, *Centzon Totochtin* (expressão que significa "um sem-número de coelhos").

Não parava por aí. Se alguém aparecesse bêbado em público, ou fosse flagrado bebendo, ou se caísse embriagado na rua, ai dele.

Se estivesse entre os menos abastados, raspavam-lhe a cabeça em praça pública, cercado por uma multidão que escarnecia dele. Se bebesse uma segunda vez, era açoitado até a morte, ou então estrangulado na presença dos jovens das redondezas, para servir de exemplo. Como se vê, vida de bebum não era fácil naquelas paragens.

Já se o bêbado fosse nobre, também não escapava: os severíssimos decretos reais puniam com a morte sacerdotes, dignitá-

[3] Mais informações disponíveis (em francês) no *site* http://www.ifrance.com/nahuatl/nahuatl.page.html.

rios da corte ou embaixadores surpreendidos de cara cheia. Caso não causassem escândalos, apenas perdiam todos os seus títulos e funções. Se o pileque, porém, fosse mais óbvio e chamasse a atenção, levando em conta que se tratava de um nobre, agia-se muito mais discretamente: o culpado era estrangulado em segredo. (Hoje em dia, os astecas seriam acusados de preconceito de classe.)

Acredite-se ou não, o *octli* não era completamente proibido. Por esse tempo, no México, só anciãos e matronas estavam autorizados a beber. Assim, por exemplo, quando havia a festa em que se atribuía o nome a uma criança, uma espécie de batismo, os idosos se reuniam à noite, para os festejos e para tomar um porre. O restante do tempo bebiam em segredo, tomando todo o cuidado para não se embriagar. Estranho que uma sociedade tão restrita permitisse isso, talvez fosse um prêmio de consolação para quem já estava no fim da vida.

Mas, então, qual era a bebida preferida dos astecas? Água (ugh!) no dia-a-dia. Já os banquetes de gente rica, que, em geral, começavam ali pela meia-noite, começavam com água para os convidados lavarem as mãos. Em seguida, era servida a refeição, em meio a cantos e danças. Para acompanhar as iguarias, tomavam cacau perfumado com baunilha e temperado com mel. Depois, água novamente, para, de novo, lavarem as mãos e a boca. As apresentações artísticas prosseguiam até que a manhã chegasse, quando tomavam uma última taça (de cacau, veja lá!) e voltavam para casa. Com as mãos limpas. Sóbrios.

Punições às bebedeiras

Severos castigos às bebedeiras persistem até os dias de hoje. Um bom exemplo são aqueles impostos pela lei islâmica – que não separa o aspecto religioso do restante do comportamento dos fiéis. Aos muçulmanos, como são chamados os seguidores do islamismo, entre outras coisas, está proibido o consumo do álcool e da carne de porco.

A doutrina islâmica encontra-se no *Alcorão*, que foi revelado ao profeta Maomé, ao longo de sua vida, pelo anjo Gabriel, e na *Sunnah*, que narra feitos, acontecimentos e declarações feitas por Maomé e transmitidos por seus discípulos.

Um dos versos do *Alcorão* a tratar da bebida foi revelado ao profeta, em Medina: "Interrogam-te a respeito da bebida inebriante e do jogo de azar, dize-lhes: Em ambos há benefícios e malefícios para o homem; porém os seus malefícios são maiores do que os seus benefícios" (2:19).

Maomé refere-se novamente ao álcool, recomendando que os muçulmanos não orem se estiverem bêbados: "Ó, fiéis, não vos deis à oração, quando vos achardes ébrios, até que saibais o que dizeis, nem quando estiverdes polutos pelo dever conjugal – salvo se vos achardes em viagem – até que vos tenhais higienizado" (4:43).

Aqui se criou um problema de ordem prática, porque, no Islã, é obrigatório orar cinco vezes por dia: ao amanhecer, ao meio-dia, no meio da tarde, ao escurecer e à noite. Tornava-se, então, praticamente impossível ao muçulmano embriagar-se.

Os versos que determinaram a proibição total do álcool para os muçulmanos, no entanto, foram revelados depois: "Satanás só ambiciona infundir-vos a inimizade e o ódio, mediante as bebidas inebriantes e os jogos de azar, bem como afastar-vos da recordação de Deus e da oração. Não desistireis, diante disso?" (5:91).

Embora não esteja em vigor em muitos países de maioria muçulmana, a *sharia*, lei religiosa do islamismo, ainda é severamente aplicada na Arábia Saudita e no Irã. O Afeganistão do Talibã levou sua prática a terríveis extremos.

Há cinco motivos para que um pecador seja condenado à morte: o assassinato de um muçulmano, o adultério, a apostasia (abandono da religião), uma terceira condenação por beber álcool e uma quinta condenação por roubo.

Assim, se um muçulmano mantiver relações sexuais fora do casamento, será condenado ao *rajam*, morte por apedrejamento. O *rajam* não está no *Alcorão*, mas foi praticado pelo profeta; portanto, tornou-se *sharia*. O mesmo ocorre com quem abandonar a religião: condenação à morte.

Um dos discípulos de Maomé, na *Sunnah* 38:4467, relata que o Profeta disse: "Se eles beberem vinho, açoite-os. Se o beberem novamente, açoite-os. E se o beberem novamente, execute-os".

Um outro discípulo, na *Sunnah* 38:4469, refere a mesma coisa, mas os infratores recebem três açoitamentos, antes de ser executados, na quarta reincidência.

Mesmo com todas essas proibições e punições tão ferozes, contudo, encontram-se bebidas alcoólicas em muitas cidades islâmicas, por todo o mundo: em Casablanca, no Marrocos, por exemplo. Aliás, tanto o Marrocos como o Egito produzem cerveja e vinhos, além de importar bebidas. E há instituições para tratamento do alcoolismo até na Arábia Saudita, país em que o álcool é ilegal. No golfo Pérsico e em outros estados árabes, a cerveja sem álcool (que contém, sim, um pouco de álcool) é extremamente popular.

Ironia das ironias, a palavra "álcool" deriva do árabe *al-kohl*, que significa "grãos, frutas ou açúcares que se transformam em bebidas inebriantes quando fermentados".

Problemas da fala

Coisas que são *difíceis* de dizer quando você está bêbado:

Inconstitucional
Preliminarmente
Proliferação

Coisas que são *extremamente difíceis* de dizer quando você está bêbado:

Verossimilhança
Três tigres
Especificidade
Transubstancioso

Coisas que são *totalmente impossíveis* de dizer quando você está bêbado:

Sai fora, você não é o meu tipo...
Esquece, não estou a fim de transar.
Chega! Já bebi demais.

THE DAY AFTER...
QUEM É VOCÊ?!

Sete dias de viagem
Destino: bem-estar

ou

Por uma vida menos ordinária

Cabeça doendo? Estômago revirado? Nós entendemos, ah, como entendemos. E estamos aqui para lhe dar a assistência e o conforto de que precisa. Nossos conselhos vão descer muito mais facilmente do que aquele coquetel que você estava enxugando rapidamente ontem à noite.

Não estamos aqui para julgá-lo nem para apontar o dedo e dizer o idiota que você foi, e como podia estar trabalhando por causas mais nobres em vez de gastar dinheiro no bar enchendo a cara. Apesar de tudo, queremos o melhor para você. Bem-vindo a bordo: estamos de saída para uma viagem confortante: a jornada que leva à saúde e ao bem-estar.

Depois de tantas noitadas de extravagância, você, certamente precisa se desintoxicar. Propomos uma semana inteira de bom comportamento: afinal, seu fígado não é de ferro.

POUCAS REGRAS

Como regras são coisas chatas, haverá poucas. Em primeiro lugar, nada de álcool: só nos dois últimos dias, já que o fígado, como todos nós, precisa de umas férias. Além disso, um pouco de exercício. O ideal é que você se afaste do lugar onde mora e vá para o interior ou para a praia, onde poderá concentrar-se inteiramente em si mesmo.

CAFÉ DA MANHÃ

O desjejum será o mesmo, todos os dias:

- Comece com meio melão; retire as sementes e coma na própria casca. É refrescante!
- Depois, um copo de iogurte natural, com alguma fruta – morangos, por exemplo – picada. O açúcar natural das frutas contribui para aumentar o nível de glicose sanguínea, e o iogurte ajuda o estômago a recompor-se.
- Agora, uma torrada integral com a geléia de frutas *light* de sua preferência.
- Nada de café ou chá, ambos são diuréticos e essa não é a hora de você perder líquido corporal. Beba um copo grande de água, com o suco de meio limão. Acrescente açúcar ou mel se gostar.

PRIMEIRO DIA

Após levantar-se e escovar os dentes, vista uma roupa bem à vontade, tênis ou sapatos muito confortáveis, em que se sinta bem. Tome seu café da manhã e saia para uma caminhada. Tente dar passos largos e andar depressa – suar um pouco vai ajudar seu organismo a livrar-se das toxinas. Depois de entrar em um ritmo confortável, adicione um exercício respiratório: inspire por quatro passos, segure a respiração por mais quatro, expire por outros quatro. Repita o exercício respiratório quatro vezes em uma hora. Se encontrar uma ladeira pela frente, concentre-se apenas nos quatro próximos passos. Vá em frente e não pense em mais nada.

Se estiver na praia, ande em terreno plano, e nada melhor para ventilar a cabeça – e o sistema respiratório – do que andar olhando as águas do oceano. É reconfortante. Ande rápido, porém, para que o exercício surta efeito.

Leve uma garrafinha com água e uma fruta – uma pêra ou maçã, por exemplo – e pense em como será bom sentir-se novinho em folha no fim da semana. Cantarole, se gostar. Ou tente lembrar-se das poesias que declamava ou dos hinos que cantava na escola. Um hino é o ideal: você pode caminhar no mesmo ritmo. O essencial é que lhe dê prazer, que você se sinta bem. Nada de estresse.

Não pare para olhar a paisagem nem para examinar vitrinas. Muito menos para paquerar. Se possível, ande durante uma hora e meia. Depois disso, você estará cansado, mas muito melhor e, provavelmente, com fome. Veja o que lhe reserva a hora do almoço.

Antepasto colorido

Serve 4 pessoas

1 pé de *radicchio** bem fresco
3 fatias finas de queijo tipo Edam
100 g de atum cozido
6 nozes descascadas, picadas grosseiramente
4 colheres (sopa) de maionese
1 colher (sopa) de molho *catchup*
2 colheres (chá) de molho inglês
2 colheres (sopa) de leite

1. Lave bem o *radicchio*, separando as folhas. Seque-as, corte bem fininhas e coloque-as em uma tigela.
2. Corte as fatias de queijo em quadrados pequenos e junte-os à salada. Acrescente o atum em pedaços e as nozes picadas.
3. Em recipiente à parte, misture a maionese com o *catchup*, o molho inglês e o leite. Despeje esse molho sobre a salada e misture bem. Sirva com torradas.

* Vegetal vermelho semelhante à alface. Se for difícil encontrá-lo, substitua-o por alface americana.

Sopa de couve-flor

Serve 4 pessoas

1 couve-flor média
2 colheres (sopa) de manteiga
2 colheres (sopa) de cebola picada
2 talos de salsão bem picados
2 colheres (sopa) de farinha de trigo
1 litro de caldo de galinha
2 xícaras de creme de leite
1 pitada de noz-moscada ralada
Sal
1 pitada de páprica

1. Corte o caule da couve-flor, retire as folhas e deixe de molho, por 10 minutos, em água salgada. Escorra e separe em floretes.
2. Coloque três dedos de água (ou leite) em uma panela. Ponha os floretes com o cabo para baixo. Cozinhe em fogo bem baixo, com a panela parcialmente tampada, até que os cabinhos estejam macios. Escorra, reservando a água e 1/3 dos floretes.
3. Passe a couve-flor no liquidificador ou no processador de alimentos, com um pouco da água do cozimento.
4. Derreta a manteiga em uma panela e refogue a cebola e o salsão, até a cebola ficar transparente. Adicione a farinha e mexa bem para não formar grumos.
5. Junte o caldo de galinha aos poucos, mexendo sempre, e a água do cozimento da couve-flor. Acrescente a couve-flor passada no liquidificador e, em seguida, o creme de leite.
6. Por último, adicione os floretes inteiros e tempere com a noz-moscada, o sal e a páprica. Sirva com queijo ralado.

Salada quente de abacate

Serve 4 pessoas

2 abacates médios
1 tomate descascado, bem picado
1 cebola roxa pequena, bem picada
1 pimentão vermelho bem picado
1 talo de salsão bem picado
2 colheres (chá) de açúcar
2 colheres (chá) de molho tabasco
2 colheres (sopa) de vinagre balsâmico
1 xícara de queijo Cheddar ralado

1. Preaqueça o forno a 180 °C. Unte um recipiente refratário grande o suficiente para que caibam os abacates. Corte os abacates ao meio, no sentido do comprimento, e retire o caroço. Retire, com uma colher, cerca de $^2/_3$ da polpa e pique bem. Reserve as cascas.
2. Misture a polpa do abacate, o tomate, a cebola, o pimentão e o salsão em uma tigela.
3. Coloque, em um vidro com tampa, o açúcar, o molho tabasco e o vinagre. Tampe e agite bem. Despeje sobre os ingredientes na tigela e misture.
4. Recheie as cascas de abacate usando uma colher. Salpique com queijo ralado e coloque no recipiente previamente untado. Leve ao forno por 8 a 10 minutos, até que estejam bem quentes. Sirva, imediatamente, com torradas.

Depois do almoço, faça uma pequena sesta. Quando se levantar, ande mais um pouco ou, se preferir, faça alongamentos. Ou alugue uma bicicleta. Você precisa de muito exercício e de ar fresco. Não importa há quantos anos não anda de bicicleta, nem que se sente desajeitado em cima dela. Se o pessoal ficar olhando quando você passar, pense que estão é com inveja.

Enquanto pedala vigorosamente por ruazinhas pequenas – ou pela praia –, lembre-se daquela história do mago Chico. Na época do reinado de Frederico II, rei de Nápoles e Palermo, o misterioso mago Chico (pronuncia-se Quico) vivia perto do vulcão Vesúvio. Morava em um lugar pouco recomendável: no primeiro andar, vivia um agiota; no segundo, uma mulher de costumes levianos; no terceiro, moravam ladrões profissionais; no quarto e último andar, o mago Chico, em um quarto-e-cozinha, com as janelas sempre fechadas. Passava os dias fazendo coisas misteriosas, andando entre a cozinha e a sala. Havia quem dissesse tê-lo visto todo vestido de branco, com estranhos instrumentos na mão, inclinado diante de um caldeirão onde fervia alguma coisa. Outros garantiam que o haviam visto com as mãos sujas de sangue até os cotovelos.

No apartamento ao lado, vivia Giovanella, jovem cozinheira da corte do rei Ferdinando. Curiosa e fofoqueira além da conta, havia anos que tentava descobrir o que o mago Chico fazia. Um belo dia, através de uma porta entreaberta, conseguiu vê-lo espalhar um molho de tomate, recendendo a ervas e a bom apetite, sobre uma massa feita em casa. Giovanella correu para a corte e propôs ao primeiro cozinheiro deixá-la preparar um novo prato. Sua receita exclusiva fez muito sucesso e, em pouco tempo, a astuta cozinheira tornou-se riquíssima e amada por todos.

A lenda da invenção da pasta é saborosa, mas inverossímil, porque os tomates foram levados para a Europa só depois do descobrimento da América, quase três séculos depois. Serviu, contudo, para você se lembrar de que é quase hora de jantar. Hora da pasta em seu prato.

Penne com molho de alcachofras

Serve 4 pessoas

3 colheres (sopa) de azeite de oliva extravirgem
1 cebola pequena, picada
4 fundos de alcachofra, em tirinhas
1 colher (sopa) de alcaparras
300 g de purê de tomate
Sal
Pimenta-do-reino moída na hora
400 g de *penne rigate*
1 colher (sopa) de salsinha bem picada

1. Coloque o azeite em uma panela e frite a cebola até ficar transparente. Acrescente os fundos de alcachofra e frite em fogo alto. Junte as alcaparras e o purê de tomate. Tempere com o sal e a pimenta-do-reino. Abaixe bem o fogo e cozinhe por mais 10 minutos.
2. Leve ao fogo uma panela grande com bastante água. Quando ferver, junte o macarrão, e cozinhe seguindo as instruções do pacote. Salgue. Escorra e passe sob água filtrada corrente para interromper o cozimento. Passe para uma tigela.
3. Junte a salsinha ao molho já pronto e tempere o macarrão. Sirva com queijo parmesão ralado.

Espinafre e ovos ao forno

Serve 4 pessoas

1 kg de espinafre fresco ou congelado
2 colheres (sopa) de manteiga
4 colheres (sopa) de queijo parmesão ralado
4 ovos frescos
2 colheres (sopa) de manteiga
2 colheres (sopa) de farinha de trigo
1/2 litro de leite
Sal
Pimenta-do-reino moída na hora
1 pitada de noz-moscada ralada na hora
2 colheres (sopa) de queijo parmesão ralado
2 a 3 colheres (sopa) de farinha de rosca

1. Escolha e lave as folhas de espinafre. Coloque-as em uma panela e leve ao fogo. Tampe para que cozinhe na própria água. Escorra, esprema um pouco e ponha em uma tigela. Adicione a manteiga e o queijo ralado e misture bem.
2. Passe para um recipiente refratário untado. Faça quatro buracos nessa mistura e coloque um ovo em cada buraco.
3. Prepare o molho bechamel: derreta a manteiga e junte a farinha aos poucos para não encaroçar. Misture bem, mexendo sempre. Acrescente o leite e continue mexendo até engrossar. Tempere com o sal, a pimenta-do-reino e a noz-moscada. Adicione o queijo parmesão ralado e despeje sobre o recipiente com o espinafre e os ovos.
4. Distribua a farinha de rosca por cima e leve ao forno quente, por cerca de 25 minutos, até que se forme uma crosta dourada sobre a superfície.

Torta de berinjela e abobrinha com molho de pimentão

Serve 4 pessoas

1 berinjela em cubinhos
2 colheres (sopa) de sal
Óleo para untar
200 g de ricota
$1\frac{1}{4}$ de xícara (chá) de creme de leite
3 ovos
1 colher (sopa) de amido de milho
1 xícara (chá) de abobrinha ralada
$\frac{1}{2}$ colher (chá) de pimenta-do-reino moída
$\frac{3}{4}$ de xícara (chá) de vinagre balsâmico
$\frac{1}{3}$ de xícara (chá) de açúcar
1 colher (chá) de sementes de mostarda amarela
1 maçã picada
1 pêra picada
1 pimentão vermelho picado
1 pimentão verde picado

1. Coloque a berinjela de molho em bastante água com o sal por 30 minutos. Escorra e passe sob água corrente. Seque bem.
2. Preaqueça o forno a 200 °C. Unte uma fôrma redonda e alta com o óleo.
3. Coloque, na batedeira, a ricota e o creme de leite e bata até obter uma mistura homogênea. Adicione os ovos e o amido de milho e continue batendo até ficar uniforme. Adicione cuidadosamente os cubinhos de berinjela, a abobrinha ralada e tempere com a pimenta-do-reino.
4. Passe a mistura para a fôrma previamente untada e cubra-a com papel-alumínio. Coloque-a em um tabuleiro com água, até $\frac{2}{3}$ da altura da fôrma, e leve-a ao forno por 40 minutos, ou até que uma faca, inserida no centro da torta, saia limpa.
5. Prepare o molho: aqueça o vinagre, o açúcar e as sementes de mostarda em uma panela, por 5 minutos, até que o açúcar se dissolva e

a mistura ferva. Adicione a maçã, a pêra e os pimentões. Espere ferver, reduza o fogo e cozinhe, sem tampa, por 30 minutos.

6. No momento de servir, espalhe o molho por cima da torta, ou sirva, à parte, em uma molheira.

Coquetel de frutas

Para beber antes das refeições, faça, sempre que quiser, esse refrescante coquetel.

Suco de 3 laranjas
1 manga em pedaços
1 pêssego em pedaços

1. Coloque o suco de laranja no liquidificador. Adicione os pedaços de manga e de pêssego. Bata por alguns segundos.
2. Coloque gelo moído em um copo alto e sirva.

Agora, ande mais um pouquinho e volte logo para casa. Vá dormir cedo.

DEPOIS QUE ELA CONHECEU A AGUARDENTE, NUNCA MAIS FOI A MESMA!!

SEGUNDO DIA

O café da manhã será o mesmo de ontem, você já sabe. Você vai encará-lo de boa vontade, porque já estará se sentindo melhor. Isso, porém, é só o começo, você precisa de mais exercício: saia e ande como no primeiro dia, faça os exercícios respiratórios, lembra-se? Inspirar por quatro passos, segurar a respiração por mais quatro e expirar por outros quatro, quatro vezes em uma hora. Procure andar rapidamente, só que hoje você vai andar um pouco mais, já que se sente melhor. Não se deixe tentar pelos bares por onde passa; siga em frente. Não se esqueça de levar água para beber e uma fruta.

Se tiver escolhido praia, em lugar de campo – e se o tempo permitir –, tome um banho de mar refrescante. Dê algumas braçadas, mergulhe.

Quando voltar, um banho, e já estará na hora do almoço. Exercícios abrem o apetite!

Sopa de repolho II

Serve 4 pessoas

1½ colher (sopa) de manteiga
1 cebola grande, picada
1 repolho verde de aproximadamente 400 g bem picado
4 xícaras (chá) de caldo de carne
Sal
Pimenta-do-reino moída na hora
½ xícara (chá) de creme de leite azedo
1 colher (sopa) de salsa bem picada
½ colher (chá) de alcaravia

1. Coloque a manteiga em uma panela e frite a cebola até dourar. Acrescente o repolho e misture bem.
2. Ferva o caldo de carne e adicione ao repolho. Tempere com o sal e a pimenta-do-reino. Cozinhe por cerca de 10 minutos.
3. Depois de servir os pratos, coloque 1 colher de sopa de creme de leite azedo sobre cada um e decore com a salsa e a alcaravia.

Nota: Se preferir, substitua a alcaravia por 2 bagas de cardamomo.

Alho-poró, batata-doce e maçã gratinados

Serve de 6 a 8 pessoas

300 ml de creme de leite fresco
2 alhos-porós em tiras finas
3 colheres (sopa) de tomilho bem picado ou 2 colheres (chá) de tomilho seco
Sal
Pimenta-do-reino moída na hora, a gosto
1 pitada de noz-moscada ralada na hora
500 g de batatas-doces descascadas, em fatias finas
2 xícaras (chá) de queijo tipo Cheddar ralado
1 maçã grande sem o centro, em fatias finas

1. Coloque, em uma panela, o creme de leite com os alhos-porós e o tomilho. Tempere com o sal, a pimenta-do-reino e a noz-moscada. Leve ao fogo médio, mexendo de vez em quando. Acrescente a batata-doce e deixe cozinhar por 10 minutos.
2. Unte um recipiente refratário com a manteiga, colocando a metade da mistura da panela e as fatias de maçã por cima. Ponha, então, a outra metade da mistura e o queijo ralado por cima.
3. Preaqueça o forno a 190 °C. Leve o gratinado ao forno, por cerca de 45 minutos, até dourar.

Descanse um pouco depois do almoço, 30 ou 40 minutos. Depois, saia para respirar ar fresco. Se você gostou da experiência de ontem, saia de bicicleta. Se preferir, ande novamente a pé. Se houver algum amigo por perto, convide-o para jogar tênis de praia ou algum outro jogo que exija movimento. (Em outras palavras, não escolha jogar dominó nem xadrez.) Qualquer que seja a atividade escolhida dessa tarde, lembre-se de que seu objetivo é ventilar as idéias, divertir-se.

Cantarole sempre que tiver vontade e não impeça que suas cordas vocais trabalhem enquanto estiver no chuveiro.

Volte à tardinha, quando for quase hora do jantar.

Fantasia de tomates

Serve 4 pessoas

4 tomates grandes e firmes
8 pepininhos em conserva, em fatias finas
1 cenoura ralada
1 talo de salsão bem picado
150 g de frango cozido, em cubinhos
2 colheres (sopa) de azeite de oliva extravirgem
Suco de 1 limão
Sal
Pimenta-do-reino moída na hora
Algumas folhas de alface fresca
4 colheres (sopa) de maionese
1 colher (sopa) de mostarda

1. Lave bem os tomates e corte-os ao meio, no sentido horizontal. Retire as sementes com uma colher de chá, com cuidado para não rompê-los. Tempere-os com o sal e coloque-os sobre a tábua de carne, com a abertura para baixo, para que percam o excesso de água.
2. Misture os pepininhos com a cenoura, o salsão e o frango. Tempere com o azeite, o suco de limão, o sal e a pimenta-do-reino.
3. Seque bem os tomates e recheie-os com a mistura de frango.
4. Distribua as folhas de alface em uma travessa e coloque os tomates recheados por cima.
5. Misture a maionese com a mostarda. Coloque 1 colher (sobremesa) dessa mistura sobre cada tomate. Leve à geladeira por pelo menos meia hora antes de servir.

Sardinhas com erva-doce

Os peixes oleosos, como as sardinhas, fazem bem ao coração, tanto no sentido físico como no emocional. A tentação de acompanhar as sardinhas com um copo de vinho tinto bem encorpado é grande, sim. Seja valente, porém, e resista!

Serve 4 pessoas

800 g de sardinhas
2 colheres (sopa) de manteiga
4 colheres (sopa) de farinha de rosca
1 colher (sopa) de sementes de erva-doce
Sal
Pimenta-do-reino moída na hora

1. Limpe as sardinhas, abrindo-as no sentido do comprimento. Retire a barrigada, lave bem e enxugue-as. Coloque-as em um recipiente refratário untado com manteiga.
2. Derreta a manteiga restante em uma panela e adicione a farinha de rosca e as sementes de erva-doce. Tempere com o sal e a pimenta-do-reino. Espalhe esse molho sobre as sardinhas.
3. Leve ao forno quente (180 °C) e retire-as quando estiverem bem gratinadas. Acompanhe as sardinhas com uma salada simples de alface fresca, temperada com sal, azeite de oliva extravirgem e, se gostar, algumas fatias de cebola bem fininhas.

Se quiser dar uma volta depois do jantar, sinta-se à vontade, mas volte cedo. Nada de papinhos com os amigos no bar. Ali, seria mais difícil resistir à tentação!

ANDOU LAMBENDO BOCA DE BÊBADO DE NOVO, REX?
TÁ ZUZO BEM QUERIDA, RELAXA!

TERCEIRO DIA

A essa altura, você vai levantar-se da cama muito mais disposto. Nada como caminhadas e exercícios físicos para fazer-nos voltar aos trilhos. Vista-se sempre com roupa bem à vontade, tênis ou sapatos confortáveis, pois férias são para isso mesmo. Leve sempre água para beber e uma fruta em sua caminhada matutina, pois agora a hora e meia se tornou muito mais fácil de encarar. Você só vai perceber que é hora de ir para casa quando a fome apertar. Veja só as delícias que o esperam.

Risoto de cenouras

Serve 4 pessoas

2 colheres (sopa) de manteiga
1 cebola pequena, em fatias finas
3 cenouras descascadas, cortadas à juliana
Sal
Pimenta-do-reino moída na hora
350 g de arroz tipo arbório
1 1/4 litro de caldo de carne
100 ml de creme de leite
2 colheres (sopa) cheias de queijo parmesão ralado

1. Derreta a manteiga em uma panela e acrescente a cebola. Frite-a até dourar e junte a cenoura. Tempere com o sal e a pimenta-do-reino. Tampe e deixe cozinhar, em fogo baixo, até a cenoura ficar macia.
2. Acrescente o arroz e misture. Vá juntando o caldo de carne aos poucos, mexendo sempre, até que o arroz esteja cozido.
3. Retire a panela do fogo e acrescente o creme de leite e o queijo ralado. Misture bem. Deixe descansar alguns minutos e sirva.

Variação: Substitua o caldo de carne por caldo de galinha caipira.

Torta de alho-poró e nabo

2 xícaras (chá) de farinha de trigo
125 g de manteiga, em pedaços
$\frac{1}{2}$ xícara (chá) de queijo parmesão ralado
100 g de manteiga
750 g de nabos descascados, em fatias finas
2 alhos-porós, em fatias bem finas
2 colheres (sopa) de alcaravia
2 colheres (sopa) de açúcar mascavo
2 colheres (sopa) de vinagre de vinho tinto
$\frac{1}{4}$ de xícara (chá) de manjericão fresco, picado
2 colheres (sopa) de farinha de trigo
Sal
Pimenta-do-reino moída na hora
100 g de queijo tipo Cheddar ralado
$\frac{1}{4}$ de xícara (chá) de queijo parmesão ralado
1 ovo ligeiramente batido

1. Peneire a farinha em uma tigela e adicione a manteiga. Trabalhe a massa com os dedos até que a manteiga se integre na farinha e a mistura fique fina.
2. Adicione o queijo e 1 colher (sopa) de água gelada. Continue trabalhando a massa e, se necessário, adicione mais 1 colher (sopa) de água gelada. Passe a massa para uma superfície enfarinhada e trabalhe mais 2 minutos até ficar uniforme.
3. Preaqueça o forno a 180 °C. Unte uma fôrma de 25 cm. Divida a massa em duas partes. Coloque uma delas entre duas folhas de papel-manteiga e abra com o rolo de massa até que fique suficientemente grande para cobrir o fundo e os lados da fôrma untada. Corte a massa que sobrou dos lados.
4. Corte outra folha de papel-manteiga do tamanho da parte central da fôrma. Coloque-o sobre a massa crua e espalhe uniformemente uma camada de feijão seco cru sobre ele. Leve ao forno por 8 minutos. Retire do forno e despreze o papel e o feijão. Devolva a massa

ao forno por mais 5 minutos ou até ficar ligeiramente dourada. Retire e espere esfriar.

5. Prepare o recheio: aqueça a manteiga em uma panela e adicione o nabo e o alho-poró. Cozinhe em fogo médio por 4 minutos, mexendo bem. Tampe e cozinhe em fogo baixo por mais 10 minutos, mexendo de vez em quando. Junte a alcaravia e o açúcar mascavo. Mexa até o açúcar derreter. Acrescente o vinagre e cozinhe por mais 1 minuto. Retire do fogo e espere esfriar um pouco. Adicione o manjericão e 1 colher (sopa) de farinha. Tempere com o sal e a pimenta-do-reino.
6. Coloque 1/3 da mistura de nabo sobre a massa já assada. Combine a farinha de trigo restante com os queijos. Distribua 1/3 sobre a mistura de nabos. Continue fazendo camadas, terminando com o queijo.
7. Faça um rolinho fino com a massa de torta restante. Corte em pedaços do tamanho da fôrma e desenhe com as tiras uma grade sobre a torta. Pincele o ovo batido sobre as tirinhas da grade.
8. Leve ao forno por 30 a 40 minutos até dourar. Sirva imediatamente.

Como de hábito, depois do almoço, uma pequena sesta. Saia depois para o parque ou para a praia. Sempre que decidir caminhar, lembre-se dos exercícios respiratórios: inspire por quatro passos, segure a respiração por mais quatro, expire por outros quatro. Repita o exercício respiratório quatro vezes durante uma hora. Agora que está mais forte, andar uma hora e meia ou duas não é nada. Volte para casa e leia um pouco.

Sabendo que menu o espera, aposto que você não vê a hora de o jantar ser servido.

Sopa de cebola

Serve 4 pessoas

2 colheres (sopa) de manteiga
250 g de cebolas, em fatias finas
2 colheres (sopa) de farinha de trigo
1½ litro de caldo de carne
3 colheres (sopa) de vinho do Porto ou conhaque
Sal
Pimenta-do-reino moída na hora
8 fatias de pão italiano ligeiramente torradas no forno
3 colheres (sopa) de queijo parmesão ralado

1. Derreta a manteiga em uma panela e frite a cebola até dourar ligeiramente. Junte a farinha aos poucos, mexendo sempre para não empelotar. Cozinhe por 2 a 3 minutos. Acrescente o caldo de carne e o vinho do Porto. Tampe e deixe cozinhar em fogo médio por cerca de 30 minutos. Tempere com o sal e a pimenta-do-reino.
2. Distribua as fatias de pão em uma sopeira. Despeje a sopa por cima e salpique com o queijo parmesão. Sirva imediatamente.

Pimentões recheados

Serve 4 pessoas

4 pimentões grandes, verdes ou vermelhos
½ cebola pequena, bem picada
1 colher (sopa) de salsa bem picada
200 g de carne de frango cozida e moída
200 g de ricota
1 ovo inteiro
2 colheres (sopa) de queijo parmesão ralado
Sal
2 colheres (sopa) de manteiga

1. Abra a parte superior dos pimentões. Retire as sementes e mergulhe-os, por 5 minutos, em água fervente.
2. Misture a cebola com a salsa picada. Coloque em uma tigela o frango moído, a ricota, o ovo, o queijo ralado e a mistura de salsa e cebola. Misture e tempere com o sal.
3. Recheie os pimentões com essa mistura e coloque-os em um recipiente refratário untado. Espalhe por cima pequenos pedaços de manteiga. Leve ao forno moderado, por cerca de 40 minutos, até que se forme uma crosta dourada na superfície.

O recheio dos pimentões foram os primeiros bocados de carne que você comeu desde que começou a se desintoxicar. Nos dois primeiros dias, comeu só vegetais para não sobrecarregar o aparelho digestivo. Muito bem, se seguiu as instruções à risca, você está no bom caminho.

QUARTO DIA

Bem mais descansado, você vai repetir sua caminhada de hora e meia de andar vigoroso, fazendo sempre os exercícios respiratórios: inspirar por quatro passos, segurar a respiração por mais quatro, expirar por outros quatro. Repita o exercício quatro vezes, em uma hora. Cante sua marcha, para andar no ritmo. Não se acanhe, cante alto, se tiver vontade. O importante é que você se sinta bem, que deixe o estresse de lado. Não pare por motivo algum; é preciso suar para livrar-se das toxinas. Depois, coma sua fruta e volte para casa para um chuveiro refrescante. Já é hora do almoço.

Sopa de abóbora

Serve 4 pessoas

400 g de abóbora
200 g de batatas
3/4 de litro de leite
1/2 litro de caldo de carne ou de galinha
150 g de arroz
Sal

1. Cozinhe ligeiramente a abóbora e as batatas em 2 cm de água, em fogo moderado, até que fiquem macias e tenham absorvido quase toda a água.
2. Bata-as no liquidificador ou no processador de alimentos. Passe para uma panela e acrescente o leite e o caldo.
3. Leve ao fogo e, quando ferver, junte o arroz. Tempere com o sal apenas quando o arroz estiver cozido. Sirva com *croûtons*.

Refogado de vegetais

Serve 4 pessoas

1 colher (sopa) de azeite de oliva extravirgem
1 colher (chá) de óleo de gergelim
1 dente de alho amassado
2 colheres (chá) de gengibre ralado
2 cebolinhas verdes bem picadas
$\frac{1}{4}$ kg de brócolis, em floretes pequenos
1 pimentão vermelho, em tirinhas
1 pimentão amarelo, em tirinhas
150 g de cogumelos cortados ao meio
$\frac{1}{4}$ de xícara de azeitonas pretas descaroçadas cortadas ao meio
1 colher (sopa) de molho de soja
1 colher (sopa) de mel
1 colher (sopa) de molho tabasco
1 colher (sopa) de sementes de gergelim

1. Aqueça o azeite e o óleo de gergelim em uma frigideira grande. Adicione o alho, o gengibre e a cebolinha verde. Junte os brócolis, os pimentões, os cogumelos e as azeitonas. Frite-os por mais 2 minutos, ou até que os vegetais estejam brilhantes e ligeiramente cozidos.
2. Combine o molho de soja com o mel e o molho tabasco. Misture bem.
3. Coloque as sementes de gergelim em um recipiente refratário e torre na grelha até dourarem.
4. Despeje o molho sobre os vegetais e misture. Espalhe as sementes de gergelim por cima e sirva imediatamente.

Se você foi esperto e levou uma rede, aproveite para descansar nela. É revigorante. Depois, faça um pouco de alongamento; nada que demande muito de seu corpo. Saia para uma caminhada mais calma.

Aprecie os arredores, ouça os passarinhos, tente identificá-los, observe a vegetação, sinta o perfume das flores, olhe para o céu e tente identificar a forma das nuvens, admire os diversos tons da natureza. Quando voltar, já estará quase na hora do jantar.

Tomates grelhados com *bruschetta*

Serve 4 pessoas

1 pão italiano ou de fôrma, em fatias
4 tomates grandes maduros, mas firmes
1/2 colher (chá) de manjerona desidratada
Sal
Pimenta-do-reino moída na hora
4 colheres (sopa) de azeite de oliva extravirgem
2 colheres (sopa) de vinagre de vinho tinto
1 colher (chá) de açúcar mascavo
1 dente de alho partido ao meio
1/2 xícara de alcachofras picadas, marinadas
1 colher (sopa) de salsa bem picada

1. Preaqueça a grelha. Corte os tomates pela metade, no sentido da largura, e esprema ligeiramente para retirar as sementes. Coloque-os em um prato refratário, com o lado cortado para cima.
2. Ponha a manjerona, o sal, a pimenta-do-reino, 2 colheres de azeite, o vinagre e o açúcar em um vidro com tampa. Agite bem, para misturar, e despeje o molho sobre os tomates.
3. Cozinhe os tomates na grelha quente por 15 minutos. Vire-os e grelhe por mais 15 minutos. Retire-os da grelha e reserve, mantendo-os aquecidos.
4. Espalhe o azeite restante sobre as fatias de pão. Toste até dourarem. Esfregue as metades de alho sobre o pão. Coloque os tomates grelhados sobre as fatias e termine com as alcachofras. Distribua por cima a salsa picada. Sirva imediatamente.

Macarrão com abobrinha

Serve 4 pessoas

2 colheres (sopa) de manteiga
1 cebola pequena, picada
1 dente de alho descascado, inteiro
300 g de abobrinha, em cubinhos
Sal
100 g de purê de tomate
1 colher (sopa) de salsa picada
1 colher (sopa) de manjericão picado
400 g de macarrão tipo *conchiglioni*
1/4 de litro de creme de leite
1/2 colher (sopa) de queijo parmesão ralado

1. Derreta a manteiga em uma panela e frite a cebola e o dente de alho, até dourarem. Junte a abobrinha e tempere com sal.
2. Misture o purê de tomate com uma concha de água quente e deixe cozinhar em fogo baixo por cerca de 30 minutos. Um minuto antes de retirar do fogo, acrescente a salsa e o manjericão. Despeje sobre a abobrinha temperada.
3. Cozinhe o macarrão em 2 litros de água. Quando estiver *al dente*, escorra e passe rapidamente sob água filtrada corrente, para interromper o cozimento. Passe para um prato de servir.
4. Tempere o macarrão com a abobrinha, o parmesão ralado e o creme de leite. Misture para que o molho fique bem distribuído. Sirva.

Terrina de salmão e espinafre

1 colher (sopa) de manteiga
4 colheres (sopa) de cebolinha verde bem picada
1 colher (sopa) de *dill* fresco, bem picado
2 maços de espinafre fresco, cozido e escorrido
1 pitada de noz-moscada
Pimenta-do-reino moída na hora
6 ovos
1 colher (sopa) de amido de milho
1 colher (sopa) de suco de limão
3 colheres (sopa) de queijo parmesão ralado
4 colheres (sopa) de cebolinha verde bem picada
1 colher (sopa) de *dill* fresco, bem picado
1 colher (sopa) de suco de limão
1 colher (sopa) de molho de raiz-forte
250 g de queijo Neuchâtel, em pedaços
200 g de salmão defumado, em fatias

1. Preaqueça o forno a 180 °C. Unte uma fôrma refratária de 25 cm x 30 cm com manteiga ou óleo. Forre a base com papel-manteiga, deixando uma margem de 5 cm para fora, de todos os lados.
2. Aqueça a manteiga em uma panela e frite as cebolinhas e o *dill* por 1 minuto. Adicione o espinafre e espere aquecer. Tempere com a noz-moscada e a pimenta-do-reino. Retire e reserve.
3. Bata os ovos. Acrescente o amido de milho e o suco de limão e continue a bater até obter uma mistura uniforme. Junte ao espinafre e misture bem.
4. Coloque na fôrma refratária já preparada. Leve ao forno por 7 minutos ou até ficar firme ao toque.
5. Umedeça um pano limpo. Coloque por cima um pedaço de papel-manteiga e distribua o queijo parmesão ralado. Vire a terrina sobre o queijo ralado. Cubra com outro pano e espere esfriar.
6. Prepare o recheio: coloque, no processador de alimentos, as cebolinhas verdes, o *dill*, o limão, o molho de raiz-forte e o queijo em pedaços. Processe devagar até obter uma mistura homogênea.

7. Corte a terrina de espinafre em três partes largas de 8 cm x 30 cm. Coloque uma das partes sobre a tábua de carne. Espalhe o recheio de queijo por cima e cubra com 1/3 das fatias de salmão.
8. Espalhe uma camada fina de recheio sobre a segunda tira de espinafre. Coloque-a, com a parte do recheio de queijo voltada para baixo, sobre o salmão da primeira tira. Repita o processo com a camada seguinte.
9. Corte a terrina em fatias de 2 cm e coloque duas ou três contornando cada prato. Ponha uma fatia fina de limão no meio e decore com uma fatia de salmão e um galhinho de *dill* fresco.

Nota: Essa terrina pode ser preparada de véspera. Mantenha na geladeira, mas não leve ao congelador.

Se sair à noite, não volte tarde. Lembre-se de que ainda há muito a desintoxicar. Leia um pouco ou ouça música suave para alimentar o espírito. Depois, vá para a cama.

CUIDADO:
BÊBADO
A BORDO

QUINTO DIA

Excelente! Mais um pouco e você estará completamente em forma. Vista-se confortavelmente, tome seu café da manhã habitual e saia para a vigorosa caminhada a que, a essa altura, já se habituou. Só que hoje andará duas horas. Cante e marche como ontem, relaxe a mente e não se esqueça de repetir os exercícios respiratórios que já aprendeu de cor, quatro vezes por hora. Quando terminar, coma sua fruta. É importante obter a maior satisfação possível no tempo livre que temos.

Volte para um chuveiro revigorante, e já estará na hora do almoço.

Sopa de arroz, alcachofra e batatas

Serve 4 pessoas

2 alcachofras
1 ½ colher (sopa) de manteiga
2 batatas descascadas, em cubinhos
1 colher (sopa) de farinha de trigo
1 ½ litro de caldo de galinha
Sal
200 g de arroz
1 colher (sopa) de salsa picada
1 colher (sopa) de queijo parmesão ralado

1. Limpe as alcachofras, retirando os talos, as pontas e as folhas externas mais duras. Corte em fatias finas.
2. Derreta a manteiga em uma panela e acrescente as alcachofras e as batatas. Salpique a farinha de trigo por cima e misture por alguns minutos. Adicione o caldo e espere ferver. Tempere com o sal e cozinhe por 20 minutos.
3. Junte o arroz e baixe o fogo, deixando cozinhar até o arroz ficar macio. Acrescente a salsa picada e o queijo parmesão ralado. Retire do fogo e sirva, com mais queijo parmesão, à parte.

Salsão recheado com *cream cheese*

Serve de 6 a 8 pessoas

1 salsão
250 g de *cream cheese*
1/4 de xícara (chá) de nozes picadas

1. Separe os talos de salsão e lave bem, em água fria. Retire as folhas e as pontas. Corte em pedaços de aproximadamente 8 cm. Seque bem.
2. Bata ligeiramente o *cream cheese*. Acrescente as nozes. Recheie os talos de salsão com a mistura. Leve à geladeira por, pelo menos, 2 horas antes de servir.

Rede que te quero rede. Descanse um pouco. Leia. Balance. Deixe que a criança interior venha à tona. Relaxe. Depois, saia para outra caminhada curta ou para andar de bicicleta. Observe os arredores de novo; você, certamente, verá cores que ontem não notou. A natureza é fantástica! Volte, ouça um pouco de música e prepare-se para o jantar.

Fettuccine ao molho de vagem e cogumelos

Serve 4 pessoas

100 g de *pinoli*
1/4 kg de vagem
2 colheres (sopa) de azeite de oliva extravirgem
1 cebola picada
2 dentes de alho amassados
1/4 kg de cogumelos frescos, em fatias finas

½ xícara (chá) de vinho branco
½ xícara (chá) de caldo de vegetais
1 ¼ xícara (chá) de creme de leite
1 ovo
4 colheres (sopa) de manjericão picado
¼ de xícara (chá) de tomates secos, em tiras finas
Sal
Pimenta-do-reino moída na hora
400 g de *fettuccine*
16 tiras de queijo parmesão cortadas, bem fininhas

1. Coloque os *pinoli* em uma panela pequena e leve ao fogo médio, mexendo sempre, até dourar. Retire-os e reserve.
2. Limpe a vagem e corte ao meio, no sentido do comprimento.
3. Aqueça o azeite em uma frigideira grande, de fundo grosso, e frite a cebola e o alho por 3 minutos, ou até que fiquem macios. Acrescente os cogumelos e deixe por mais 1 minuto, mexendo sempre. Adicione o vinho e o caldo de vegetais. Espere ferver, reduza a chama e cozinhe em fogo baixo por 10 minutos. Acrescente o creme de leite e espere aquecer. Não deixe que ferva.
4. Bata o ovo ligeiramente. Junte um pouco do molho ao ovo, batendo sempre. Despeje essa mistura lentamente na panela, mexendo sempre, por 30 segundos. Adicione a vagem, o manjericão, os *pinoli* e os tomates secos e espere aquecer. Tempere com o sal e a pimenta-do-reino.
5. Cozinhe o macarrão em 2 litros de água fervente salgada. Quando estiver *al dente*, escorra e passe sob água corrente para interromper o cozimento. Divida o macarrão entre os pratos. Despeje, em cada um, uma porção de molho. Guarneça com as tiras de parmesão. Sirva imediatamente.

Berinjela assada com molho picante

Serve 4 pessoas

4 berinjelas
½ xícara (chá) de azeite de oliva extravirgem
1 dente de alho amassado
4 filés de anchova
1 colher (sopa) de salsa bem picada
1 colher (sopa) de vinagre de vinho branco
Sal

1. Corte as berinjelas em fatias de cerca de 0,5 cm. Coloque-as de molho por 1 hora em água salgada para não escurecerem. Escorra-as e seque-as bem. Grelhe-as, se tiver uma grelha, ou frite-as em frigideira antiaderente, com muito pouco azeite. Ponha-as em uma travessa e mantenha-as aquecidas.
2. Prepare o molho: aqueça 4 colheres (sopa) de azeite de oliva extravirgem com o alho. Frite por 3 ou 4 minutos. Junte os filés de anchova e amasse com uma colher de pau até desaparecerem completamente. Junte a salsa, o vinagre, o sal e tire do fogo. Misture bem e despeje, uniformemente, sobre as berinjelas.

Você, certamente, notou que tudo que comeu essa semana foi extremamente leve, exatamente para dar uma folga para seu organismo. Depois de se exercitar todos esses dias, certamente estará se sentindo muito melhor. Continue assim. Vá para a cama cedo.

SEXTO DIA

Ânimo! Quando pensar que só tem mais dois dias de férias, será hora de encarar o exercício com disposição muito maior. Levante-se para a revigorante caminhada matutina de duas horas, sem se esquecer de levar a água e uma fruta, para quando terminar. Você já está praticamente em forma, mas é importante não desistir antes de chegar ao final. Cante como nos dias anteriores e faça seus exercícios respiratórios: inspire quatro passos, segure a respiração por mais quatro, expire por quatro. Repita o exercício quatro vezes por hora.

Depois, chuveiro e almoço, finalmente!

Pilaf de vegetais

Serve 4 pessoas

4 colheres (sopa) de azeite de oliva extravirgem
1 cebola média, em fatias
2 dentes de alho amassados
2 colheres (chá) de cominho em pó
2 colheres (chá) de páprica
1/2 colher (chá) de pimenta-da-jamaica
1 1/2 xícara (chá) de arroz
1 1/2 xícara (chá) de caldo de vegetais
3/4 de xícara (chá) de vinho branco seco
3 tomates sem sementes, bem picados
150 g de cogumelos, em fatias
2 abobrinhas em fatias
150 g de brócolis, em floretes

1. Aqueça o azeite em uma panela grande. Adicione a cebola e refogue por 10 minutos até dourarem. Tempere com o alho, o cominho, a páprica e a pimenta-da-jamaica. Deixe por 1 minuto.

2. Acrescente o arroz e mexa bem. Junte o caldo de vegetais, o vinho branco, os tomates e os cogumelos. Espere ferver e reduza bem o fogo. Tampe e deixe cozinhar por 15 minutos.
3. Adicione a abobrinha e os brócolis à panela. Tampe novamente e deixe cozinhar, por mais 5 a 7 minutos, até que os vegetais estejam ligeiramente cozidos. Sirva imediatamente.

Torta de espinafre e cebola caramelizada

Serve 6 pessoas

1 xícara (chá) de farinha
100 g de manteiga, em pedaços
1 gema
1 kg de cebolas, em fatias finas
1/4 de xícara (chá) de açúcar mascavo
2 colheres (sopa) de vinagre de vinho tinto
1 folha de louro
3 pimentas vermelhas desidratadas
2 xícaras (chá) de espinafre cozido, bem picado
1 xícara (chá) de queijo tipo Cheddar ralado
1/4 de xícara (chá) de farinha com fermento
1 colher (chá) de mostarda em pó
1 1/4 xícara (chá) de creme de leite
2 ovos ligeiramente batidos

1. Preaqueça o forno a 190 °C. Unte uma fôrma desmontável com azeite ou manteiga derretida.
2. Coloque a farinha e a manteiga no processador de alimentos. Processe por 15 segundos, até a mistura ficar bem esfarelada, usando o pulse. Adicione a gema e 1 colher (sopa) de água e processe, por mais 20 segundos, até obter uma mistura uniforme.

3. Distribua a massa no fundo da fôrma e leve à geladeira por 10 minutos. Corte uma folha de papel-manteiga grande, suficiente para cobrir a massa. Distribua uma camada de arroz seco sobre a massa e leve ao forno por 20 minutos. Retire e despreze o arroz. Deixe a massa esfriar.
4. Em uma panela de fundo grosso, coloque a cebola com 3/4 de xícara de água. Junte o açúcar, o vinagre, o louro e a pimenta. Leve ao fogo médio, mexendo sempre até dissolver o açúcar. Quando ferver, reduza a chama e tampe a panela. Cozinhe por 1 hora, mexendo de vez em quando. Escorra o excesso de líquido e despreze a folha de louro e as pimentas. Espere esfriar e espalhe a mistura uniformemente sobre a massa.
5. Coloque em uma tigela o espinafre, o queijo ralado, a farinha, a mostarda, o creme de leite e os ovos. Misture bem. Espalhe sobre as cebolas e leve ao forno, por 45 minutos, até dourar. Sirva quente ou frio.

Descanse um pouquinho antes de sair novamente. Veja se encontra alguém para jogar vôlei ou tênis de praia. Ou retorne à bicicleta, pedalar faz bem. Atividades é que não faltam. Depois, volte para casa, relaxe um pouquinho, que um excelente jantar o espera. Se quiser, hoje poderá tomar um cálice de vinho tinto para acompanhá-lo. Só um.

Nhoque de abóbora ao molho de sálvia

Serve 4 pessoas

½ kg de abóbora, em pedaços grandes
1½ xícara (chá) de farinha de trigo
8 colheres (sopa) cheias de queijo parmesão ralado
Pimenta-do-reino moída na hora
100 g de manteiga
2 colheres (sopa) de sálvia fresca, picada grosseiramente

1. Preaqueça o forno a 180 °C. Unte uma fôrma refratária com manteiga ou óleo.
2. Coloque os pedaços de abóbora na fôrma e leve ao forno, por 1 hora e meia, até que fiquem bem macios. Espere esfriar ligeiramente e retire a casca.
3. Passe para uma tigela e peneire a farinha por cima. Acrescente 4 colheres de queijo parmesão e tempere com a pimenta-do-reino. Misture bem.
4. Enfarinhe uma superfície e despeje a mistura de abóbora. Trabalhe a massa até ficar macia, por cerca de 2 minutos.
5. Divida a massa em duas metades. Enfarinhe as mãos e enrole cada metade como uma longa salsicha, de aproximadamente 40 cm. Corte em dezesseis pedaços iguais. Modele cada pedaço em forma oval e desenhe com os dentes de um garfo enfarinhados.
6. Ferva bastante água em uma panela grande. Coloque os nhoques na panela e cozinhe. Quando subirem à superfície, deixe por mais 3 minutos. Retire-os e escorra-os, mantendo-os aquecidos.
7. Prepare o molho: derreta a manteiga em uma panela, retire-a do fogo e adicione a sálvia. Mantenha quente e deixe descansar por 5 minutos.
8. Passe os nhoques para um prato de servir e despeje o molho de manteiga e sálvia por cima. Espalhe o restante do queijo parmesão ralado por cima. Enfeite com algumas folhinhas de sálvia fresca e sirva.

Batatas recheadas

Serve 4 pessoas

8 batatas grandes
30 g de cogumelos secos
2 colheres (sopa) de manteiga
1/2 cebola picada
1 cenoura bem picada
250 g de carne moída
1/2 copo de vinho tinto
500 g de purê de tomate
Sal
Pimenta-do-reino moída na hora
1 copo de leite
2 colheres (sopa) de salsinha picada
1 colher (sopa) de queijo parmesão ralado

1. Corte as batatas ao meio, no sentido do comprimento, e cozinhe-as em água fervente por cerca de 10 minutos. Escorra-as, espere esfriar um pouco e descasque-as. Retire um pouco da polpa no centro com uma colher de chá ou de sobremesa.
2. Ponha os cogumelos secos de molho em água fria por, pelo menos, 30 minutos. Escorra-os e lave-os bem. Pique-os em pedaços.
3. Aqueça a manteiga em uma panela e frite a cebola e a cenoura. Quando começarem a dourar, junte a carne moída. Frite em fogo alto até a carne tomar cor. Adicione o vinho tinto. Deixe em fogo forte até evaporar.
4. Acrescente o purê de tomate e tempere com o sal e a pimenta-do-reino. Deixe cozinhar em fogo baixo por, pelo menos, 30 minutos.
5. Junte o leite e os cogumelos e cozinhe por mais 30 minutos. Salpique a salsinha picada e o queijo ralado. Misture bem e retire do fogo.
6. Recheie as batatas e coloque em um recipiente refratário untado. Leve ao forno médio (180 °C) por cerca de 30 minutos. Retire e sirva imediatamente.

Terminado o jantar, saia um pouquinho para espairecer. De novo, não cometa abusos, para não estragar o trabalho de quase uma semana. Assim, poderá ir para a cama com a consciência tranqüila.

SÉTIMO DIA

Último dia, sim. Prepare-se e saia para a caminhada de duas horas, levando a água e uma fruta, como sempre. Ande vigorosamente, aproveite que agora suas forças já retornaram. Faça os exercícios respiratórios, quatro vezes em uma hora. Cante mais alto do que nos outros dias. Não se acanhe e, se tiver vontade, sorria para os passantes. O que eles pensarão não importa.

Quando voltar, chuveiro e um grande almoço! Pode tomar um cálice de vinho tinto para acompanhar. É sua recompensa por ter se comportado tão bem.

Frango ao Marsala

Serve 4 pessoas

4 filés de peito de frango
2 colheres (sopa) de manteiga
1 dente de alho amassado
4 fatias de mussarela
4 filés de anchova
12 alcaparras
1 colher (sopa) de salsa picada
3 colheres (sopa) de vinho Marsala
$^{2}/_{3}$ de xícara (chá) de creme de leite
Sal
Pimenta-do-reino moída na hora

1. Retire o excesso de gordura e a pele dos pedaços de frango.
2. Derreta a manteiga em uma frigideira e acrescente o alho e os filés de peito de frango. Frite os filés por alguns minutos de cada lado até dourarem por igual. Coloque-os em uma travessa.
3. Coloque, sobre cada filé, 1 fatia de mussarela, 1 anchova e 3 alcaparras. Distribua a salsa picada por cima.
4. Devolva os filés à frigideira, tampe e cozinhe-os por mais 5 minutos, em fogo médio-baixo. Retire-os e passe-os para um prato de servir.
5. Despeje o vinho Marsala na mesma frigideira e raspe o fundo com uma colher de pau. Reduza o fogo e acrescente o creme de leite. Deixe por alguns minutos, sem tampar, até que o molho engrosse. Tempere com o sal e a pimenta-do-reino. Retire-o da panela e distribua-o sobre os filés de frango. Sirva imediatamente.

Refogado de brócolis e amêndoas

Serve 4 pessoas

1 colher (chá) de sementes de coentro
4 colheres (sopa) de azeite de oliva extravirgem
2 colheres (sopa) de amêndoas, em lâminas
1 dente de alho amassado
1 colher (chá) de gengibre bem picado
½ kg de brócolis, em floretes
2 colheres (chá) de vinagre de vinho tinto
1 colher (sopa) de molho de soja
2 colheres (chá) de óleo de gergelim
1 colher (chá) de sementes de gergelim torradas

1. Coloque as sementes de coentro em um saco de plástico e amasse com o rolo de macarrão para rompê-las.
2. Ponha o azeite em uma frigideira grande de fundo grosso. Junte as sementes de coentro e as amêndoas. Mexa rapidamente em fogo médio, por 1 minuto, até as amêndoas dourarem.
3. Adicione o alho, o gengibre e os brócolis. Frite, em fogo alto, por 2 minutos. Retire a frigideira do fogo.
4. Combine, em uma tigela, o vinagre, o molho de soja e o óleo de gergelim. Despeje a mistura sobre o conteúdo da frigideira. Mexa bem até que os brócolis fiquem bem temperados. Por cima, distribua as sementes de gergelim torradas. Sirva quente ou frio.

À tarde, um pequeno descanso na rede. Depois, uma caminhada curta, que é preciso arrumar as malas para voltar amanhã logo cedo. Sente-se para relaxar um pouco ouvindo música, e já estará na hora do jantar. Dessa vez, também lhe será permitido acompanhar o jantar com um cálice de vinho.

Caldo de mocotó

Serve 6 pessoas

1 mocotó
Suco de 1 limão
1 folha de louro
1/2 xícara (chá) de azeite de oliva extravirgem
2 cebolas grandes, picadas
4 dentes de alho amassados
3 tabletes de caldo de carne
2 colheres (sopa) de colorau
2 cenouras, em cubinhos
1 maço de cheiro-verde, lavado e amarrado
1 alho-poró inteiro, limpo
1 colher (sopa) de coentro (ou salsinha) bem picado
Molho de pimenta-vermelha, a gosto

1. Deixe o mocotó de molho em água com o suco de limão por cerca de 1 hora. Escorra, lave-o e despreze a água.
2. Coloque o mocotó em uma panela e cubra-o com água. Adicione o louro e deixe cozinhar até amolecer bem. Adicione água quente, se necessário, até que fique muito bem cozido.
3. Em outra panela, coloque o azeite e refogue a cebola e o alho. Acrescente os tabletes de caldo de carne, o colorau e as cenouras. Junte 1/2 litro de água e espere ferver. Baixe o fogo e cozinhe lentamente. Retire do fogo quando as cenouras estiverem macias e espere amornar.
4. Junte o caldo com as cenouras ao caldo de mocotó e adicione o maço de cheiro-verde e o alho-poró. Ferva novamente, baixe o fogo e cozinhe por mais 30 minutos. Desligue e espere esfriar.
5. Passe para uma tigela e leve à geladeira. Quando se formar uma camada de gordura na superfície, retire-a com a escumadeira.
6. Retire o mocotó, pique-o bem e junte-o novamente ao caldo. Reaqueça o caldo e salpique com o coentro e algumas gotas de molho de pimenta. Sirva quente.

Nota: Prepare o caldo de mocotó na véspera, para que descanse na geladeira e possa ser desengordurado.

Cogumelos recheados com alho

Serve 4 pessoas

2 colheres (sopa) de azeite de oliva extravirgem
4 cogumelos grandes (cerca de 80 g cada)
1 cebola pequena, picadinha
3 fatias de *bacon* bem picadas
2 dentes de alho amassados
3 fatias de pão branco
1 colher (sopa) de folhas frescas de tomilho
Pimenta-do-reino moída na hora

1. Preaqueça o forno a 180 °C. Forre uma fôrma refratária com papel-alumínio e unte com azeite.
2. Retire os caules dos cogumelos e pique-os bem. Cuidado para não romper a parte superior.
3. Aqueça o azeite restante em uma frigideira grande de fundo grosso. Adicione a cebola e o *bacon* e frite até dourarem. Junte os caules de cogumelo picados e o alho. Cozinhe por 3 minutos em fogo médio, mexendo de vez em quando. Retire e passe para uma tigela, para esfriar.
4. Retire a casca do pão, parta em pedaços e leve ao processador de alimentos. Processe por 20 segundos, até obter uma espécie de farinha de rosca, em pulse. Junte à tigela com a mistura de caules de cogumelo. Adicione o tomilho e mexa bem.
5. Coloque a parte superior dos cogumelos na fôrma refratária preparada. Recheie com a mistura. Moa a pimenta-do-reino por cima. Leve ao forno, por 20 minutos, até que os cogumelos estejam macios e o recheio, dourado. Sirva imediatamente.

Essas receitas foram criadas especialmente para você, que está prostrado. Todos os ingredientes que utilizamos exercem alguma função específica: alguns têm propriedades absorventes e ajudam o organismo a expulsar toxinas; outros repõem os sais minerais que se perderam; outros ainda têm função antioxidante ou restauradora. Os carboidratos devolveram-lhe a energia perdida; as verduras forneceram-lhe as fibras e as vitaminas.

E, porque seu fígado se recompôs e seus olhos estão brilhando, pode celebrar com um cálice de vinho branco seco.

À sua saúde!

INFLAMÁVEL

O bêbado, no ponto do ônibus, olha para uma mulher e diz:

– Você é feia, hein?

A mulher não responde.

O bêbado insiste:

– Nossa, mas você é feia demais!

A mulher finge não ouvir.

E o bêbado volta a dizer:

– Putz! Você é muito feia!

A mulher não se contém e responde:

– E você é um bêbado!

– É, mas amanhã eu melhoro...

O homem desce do ônibus, entra logo em um boteco e vai pedindo:

– Coloque aí dez pingas para mim!

O dono obedece e coloca dez pingas para o bêbado, que toma todas.

– Coloque agora cinco pingas!

O dono serve o cliente. O homem bebe todas e diz:

– Agora coloque só três, viu?

Bebe as três em um só gole, faz aquela careta típica dos inebriados e pede:

– Agorazzzzz só uma! Sjó mais uma!

Bebe aquela, cambaleia e conclui:

– Eu num entzentzendo... Quanto menoshshshs eu bebo, mais eu fico tonto!

Algumas vezes, quando reflito sobre toda a cerveja que já bebi, sinto-me envergonhado. Logo, porém, vejo além do copo e penso nos trabalhadores da cervejaria e em seus sonhos e esperanças. Se eu não bebesse essa cerveja, eles poderiam perder o emprego, e todos os seus sonhos seriam desfeitos. Portanto, digo: "É melhor que eu beba esta cerveja, permitindo que seus sonhos se tornem realidade, do que ser egoísta e preocupar-me com meu fígado".

JACK HANDY

Bebo para ficar ruim mesmo. Se fosse para ficar bom, eu tomaria remédios!

DITADO POPULAR

Quando li sobre os problemas que a bebida causa, parei de ler.

HENNY YOUNGMAN

Algumas vezes, um homem inteligente é forçado a ficar bêbado para passar um tempo com os burros.

ERNEST HEMINGWAY

Quando bebemos, ficamos bêbados. Quando ficamos bêbados, dormimos. Quando dormimos, não cometemos pecados. Quando não cometemos pecados, vamos para o céu... Portanto, vamos ficar bêbados, a fim de ir para o céu!

BRIAN O'ROURKE

Ajudando as feias a fazer sexo desde 1862.

MENSAGEM PUBLICITÁRIA DE UMA CERVEJA DA NORUEGA

Velho adágio italiano

Riempi il bicchier che è vuoto.
Vuota il bicchier che è pieno.
Non lo lasciar mai vuoto.
Non lo lasciar mai pieno.

Encha o copo que está vazio.

Esvazie o copo que está cheio.

Nunca o deixe vazio.

Nunca o deixe cheio.

Da antiga Escola de Medicina de Salerno

Si tibi serotina noceat potatio, vina
Hora matutina rebibas, et erit medicina.

Se beber à noite o prejudica,

Volte a beber de manhã, e será para você um remédio.

Vino aluntur vires, sanguis calor que hominum.

PLÍNIO

Com o vinho se alimentam as forças, o sangue e o calor dos homens.

Horácio inicia com esta frase a *Ode* com que celebra a vitória de Azio, a origem do império de Augusto. Os italianos a utilizam quando festejam alguma coisa:

Nunc est bibendum.

Agora é hora de beber.